和爱一起成长

曾笃学 ◎著

北京燕山出版社
BEIJING YANSHAN PRESS

图书在版编目（CIP）数据

和爱一起成长 / 曾笃学著. — 北京：北京燕山出
版社，2020.7
ISBN 978-7-5402-5774-3

Ⅰ.①和… Ⅱ.①曾… Ⅲ.①教育工作—文集 Ⅳ.
①G4-53

中国版本图书馆CIP数据核字（2020）第122645号

和爱一起成长

著　　者	曾笃学	
责任编辑	满　懿	
出版发行	北京燕山出版社	
地　　址	北京市丰台区东铁匠营苇子坑138号C座	
电　　话	010-65240430	
邮　　编	100079	
印　　刷	北京政采印刷服务有限公司	
经　　销	新华书店	
开　　本	170mm×240mm　16 开	
字　　数	302千字	
印　　张	16.75	
版　　次	2022年6月第1版	
印　　次	2022年6月第1次印刷	
定　　价	45.00元	

序 言

不负初心 携爱远行

（代 序）

　　大山那边，是永远无法释怀的牵挂！

　　因为牵挂，默默把"爱"记在支教那年！

　　从那年到今天，爱，从未断线，或至终老，都将无法断线……

　　《和爱一起成长》是一本关于爱的教育叙事。记录的是曾笃学老师作为"三区"人才支持计划支援教师队伍中的一员，到陇南西和支教的一系列故事。说是故事，其实也看不出完整故事的痕迹，更准确地说，是支教生活的零星片段，片段里是温暖岁月，岁月里是真情大爱。

　　这里，有"初来乍到"的"斗争"与自责，有"雨天停电"的无奈与无措，有"水痘大战"的担心与焦虑；

　　这里，有"分层教学""作业积分制"的尝试与实践，有"我的音乐课""上大课"的体验和挑战，有"成绩出来了"的反省，也有"孩子，让我怎么帮助你"的无助；

　　这里，有"大锅饭""我做理发师"的快乐，也有"给老鼠收尸"的困窘；有"静待花开"的憧憬，更有"乡里乡亲""送别""又送别"的难分难舍……

　　也正因如此，这些零散"故事"，才似乎一点儿也不逊色于那些完整故事……恰恰，《和爱一起成长》正是支教生活中最真实的"那一面"，没有粉饰，没有雕琢，只有真朴、真情和真爱。日常怎么做的就怎么写，写课堂上的故事，写课余生活，写教学中的尝试，写教育中的细节，写最真实的体悟，写最动容的成长……"原汁原味"地呈现教育现象，这，不正是教育叙事的原初动力和价值旨归吗？它沉淀在教师的每一次教学中，沉淀在教师的每一次成长中，在展现故事的过程中，呈现教育意义。所谓"小叙事"来繁荣"大教育"，大概正是如此吧。

落笔于文字，凝思于心间。透过故事可以看到，群山环绕中，支教的曾老师和他的孩子们，在那儿生活着的老师和乡亲们，他们围坐一起，在家乡特有的罐罐茶的甘苦中抑或是野瓢子的酸甜里，或山坡上，或田埂下，从春到冬，从三月到十二月，将一个个真实的、令人动容的故事娓娓道来，让这一年的教育生活像画卷一样慢慢展开……

湛蓝的天空、芬芳的泥土、简陋的宿舍、粗淡的茶饭、朴素的乡亲、纯真的孩子，一切都是那么清新和自然。如同人们喝惯了牛奶咖啡后才发现，原来那儿的罐罐茶更入味；如同人们看惯了灯红酒绿后才发现，原来山那边才是最美的风景。

很有缘。2018年10月，我们师徒二人及工作室团队一起踏上去西和的路。他是无限牵挂他生活过的那所村小和那所村小里的师生，一再邀我同去送教的。山川幽静、梯田层层、花草含笑、羊群祥欢。足足7个多小时的车程，回望一弯又一弯盘旋的山路，也许这个时候，你才会读懂边远山区教师从教的艰辛、几十年如一日的坚守和那如磐的初心；你才会读懂支教教师远隔千里离家的牵挂、在肩的使命，还有那一份沉甸甸的教育责任。即便是想家悄悄抹泪，那眼泪也一定像春天一样光明！

一个择善而行，把支教当作修行和享受的人，是敬业的，也是幸福的。

笔耕不辍，坚持把日志当作每天的生活和习惯，是一种品质，也是一种修养。

教育叙事研究者王维审曾说，不管用何种方式，只要生动讲述了一个人的教育故事，捕捉到人物间心灵的颤动，有了自己的思考和感悟，给读者精神的震撼，就是最好的教育叙事。《和爱一起成长》就是在短短一年的支教印记中，用文字捧出的一段段打动人心的故事。曾老师以叙事方式重述和重写着那些能够导致自己觉醒和转变的教育故事，不断"探索实践—叙述记录—反思整理—追问提升"，使教育教学与学习、研究合为一体，这正是一个教师应有的专业成长方式。那里记录了一位教师的最初愿望、最真体验和最美时光。一位平凡的支教教师，用平凡的故事将大写的"爱"字书写在支教的讲台上，书写在关坝小学每一位师生的美好记忆中，也书写在教育共同体这块根深叶茂的沃土之上……

我相信，每个黄昏，日暮降落的静静时光里，他必须要做的，就是打开电脑，在跳动的键盘里找寻一片生活的斑斓，以一个教育者的宁静和从容，去捕捉乡村教育中那一道道真实而美丽的原风景，让这一段刻骨铭心的经历，给自己的生命添一抹明媚和亮色！

走进大山支教，磨砺人生品格，对其生命历程将是一笔难得的财富。我相信，当告别这块土地，隔着车窗，看到大山里的教师、孩子和乡亲们含泪挥手为他送行时，他的心早已留在了西和这块温热的土地上……

我感动，我感怀。所以，我抒写，我致意！手捧这本散发着爱与墨香的书稿，我有理由相信，《和爱一起成长》足以带给你一份萦绕于心、不易释怀的牵挂。我也相信，初心与爱，永远是世上最美的风景！

李小平

2020年1月于金城

回味支教生活

（自 序）

有人说："使人成熟的，并不是岁月，而是经历。"支教是一种经历，是一种磨炼，更是一种人生财富。感谢生活让我有这种经历，有感动，有遗憾，也有困惑。我珍惜每一个支教的日子，"那一季花开，承载着懵懂的期待，因为有爱，所以流年不再苍白"。

那是多么难忘的一段经历！2014年3月，甘肃省教育厅启动了"三区"人才支持计划教师专项计划，兰州市对口支援陇南市。带着领导的期望和嘱托，怀着满腔的憧憬与热忱，我走进了这支支教队伍，走进了陇南市西和县洛峪镇关坝小学。来支教了，才真正了解城乡教育的差别，才深切感受到城乡教育的不均衡，也才会深深地懂得支教的意义。

在支教的日子里，经历了许多以往在城市里不曾有过的事情，内心总是充盈着无限的感动，总有不吐不快之感，于是我开始了对支教生活的记录。因为在我看来，再刻骨铭心的记忆也经不住岁月的淘洗。

美国比尔·布莱森的著作《万物简史》卷首有这样一段话：

物理学家利奥·西拉德有一次对他的朋友汉斯·贝特说，他准备写日记："我不打算发表。我只是想记下事实，供上帝参考。"

"难道上帝不知道那些事实吗？"贝特问。

"知道，"西拉德说，"他知道那些事实，可他不知道这样描述的事实。"

这番话说得颇有道理！以怎样的一种方式描述事实难道不比事实本身更叫人值得琢磨与玩味？写下自己最想说的话，让快乐、轻松与描述、记录相拥抱，这才是愉悦的表达，才是真情的流露，才是属于自己的文字。是这样的描述，而不是那样的。想一想，比尔·布莱森"为万物写史，为宇宙立传"，我怎能不认真记录我的支教生活？就这样，在每日紧张忙碌之余，我开始用笔坚守着内心这块阵地。

在整理日志时发现，好多内容不经意中竟是重复的，而且不只是内容，还有不少语句的重复，可见我的观察点和积累量是多么有限啊！但不管怎样，每一次回头看，就像犁铧翻过的土地，总有种泥土清新的味道，弥漫在心间。

"陌上花开，可缓缓归矣。"回味支教生活，犹如西和的罐罐茶，可独酌，也宜共饮；无喧嚣之形，无激扬之态，一罐浅注，清气馥郁。只想把盏一罐清茶，与你一起品味这罐茶的苦涩甘甜。

只希望那些温暖我的故事也能打动你。

目 录

五月

六月

七、八月

九月

十月

十一月

十二月

三月

「从今以后，使你与众不同的不是你是谁，而是你曾做过什么……」

——姜晓彤《南瓜不说话，它只是默默成长》

初来乍到

3月16日　星期日

连日来，心头思绪万千。出发前内心的焦虑与忐忑，离别时亲友的叮咛与祝福，路途中美好的憧憬与猜想，抵达时难言的心情与状况，五味杂陈，填满心间。最难忘是临行前的父母送别。母亲躲在车旁悄悄拭泪，父亲也几度哽咽。"谁言寸草心，报得三春晖？"四十岁远行，扯碎了六七十岁双亲的恬淡暮年。我知道，从此以后，二老的心里就添了总也放不下的牵挂。一次次电话，只是让电话那头的双亲尽可能宽慰一些，再宽慰一些。

写下这段文字时，短信息提示音响起，搁笔查阅，是同事廖发来的问候：

"做只蟋蟀随遇而安，也是有琴声、有快乐的精致的生活哦！"

随即回复：

"……再也不想像蟋蟀那样不肯随遇而安而劳其一生，只愿做条小鱼每时每刻都是全新体验，据说它的记忆力短暂得只有几秒。"

我不知道是自己后悔来到这里还是突然间找不到前进的动力。细细思忖，我也说不明白，总有恍若梦中之感。

放下那头的思念与牵挂，且说这头全新的生活。

这是一所苗圃希望小学，坐落于西和县洛峪镇关坝村。校舍新，三层楼，每层楼三间教室。三楼两间教室隔成了四间办公室，也是住校老师的宿舍。我的宿舍就在三楼最边上，是学校的图书资料室，紧挨着校长室。站在开放式的阳台上，似乎连整个村子都尽收眼底。走过楼梯口往里走，又是两间小办公室，里边一间门口还挂着"早餐管理室"，再往里走是六年级教室，前门是半掩着的。推开门，教室前后是黑板，两边都有窗户，室内很敞亮。教室里摆放着那种破旧的长条桌，一张桌可以坐两个人，我上小学时用的就是这种桌子。桌子摆了三组，六排，摆放得整整齐齐。讲桌旁还有一张，摆放着一摞作业本。从六年级教室边上的楼梯下去，是三年级教室，摆了八张桌子，看来这个年级学生少一些。紧挨着的一间教室为大办公室，6张老式的写字台以2×3方式拼在一起，还有一张单人床摆在后门的位置。另外还有粉笔、作业本等一些东西杂乱地放在讲台边窗前一张旧桌子上。楼梯口那边是四年级教室。下楼，右边一间是二年级教室，左边两间，一间是一年级教室，一间是学前班教室。连学前班，共六间教室，没有见到五年级教室。

操场西头建了一栋小楼，是小二层，只有框架起来了。门前堆放着沙子、水泥。

这时候，校长走下楼来，热情地打招呼。他说，2008年学校被列为中央灾后重建项目和香港苗圃援助项目整合学校，于2010年9月竣工。学校占地1414平方米，现有7个教学班，8名教师，221名学生，五年级在校外临时搭建的工棚里上课。等下学期食堂建起来，就可以把二楼的大办公室腾出来，五年级学生就可以搬进来了。

群山环抱，小溪低吟。我将在这里度过一年的支教生活啦！

支教第一天

3月17日　星期一

这是我支教的第一天。清晨，《快乐的节日》的音乐唤醒了沉睡中的我。我揉揉惺忪的睡眼，以为睡过了头。开灯，打开手机才发现是6：40。迅速穿衣，开门看见已有不少孩子背着书包陆续进校。匆忙洗漱完毕，我赶紧往六年级教室走去。远远听见孩子们朗朗的读书声。见我走进教室，一张张红扑扑的小脸好奇地望着我。当我简短地做了自我介绍，说起支教，说起兰州，一双双眼睛装满新奇。我还说，王校长今天外出办事，我来顶课，明显地感觉到他们内心难掩的激动和兴奋。

语文课《为人民服务》，孩子们一阵阵唱读，用他们特有的纯正的西和方言。倘若没有课本，我还真不知道他们口里念的是什么。不过，挺好听的。咿咿呀呀，像唱歌似的。一节早读课，指导着孩子们朗读课文，提醒注意发音准确，注意轻重缓急，注意抑扬顿挫。范读，点拨，自由读，同桌合作读，男女生比赛读，变换了多种形式，终于有了朗读的味道。心里窃喜，感觉山里的孩子们真是可塑之才。

授课中发现，孩子们习惯了老师讲、齐声答，再就是抄板书、做笔记。倘若你提问，他们只是用大眼睛瞪着你。如果你还想启发，他们就会面面相觑，然后害羞地抿抿嘴。于是，我开始调整自己上课的方式。提醒自己不可随意板书，要尽可能鼓励赏识，多肯定优点，多一些提醒。如用不同符号在书中勾画，做适当批注，不要只顾抄笔记，同学们只会一味地接受，缺少了思考；再如，抛开手里的《教材全解》，学会倾听，倾听老师授课，表达自己的见解。我清楚地知道，孩子们接受了六年这样的教育，是不可能一下子转变的，但我内心坚持，因为或许支教这一年中，我可能就这一天有机会给他们上课，我要让他们有所触动。

对于生字学习，我发现不少学生尽管已经读了好几遍课文，但依然把"炊事员"的"炊"读成了"yin"，费了好大劲儿才弄明白，原来他们混淆了这些形近字。于是，我引导他们辨析了"炊"、"饮"、"吹"等字形的不同。字音字义的不同，又拓展了一些形近字、形声字的规律，孩子们学得很认真。我自编字谜引出了"鼎"：正面一片铁，反面一片铁，古时做炊具，又作帝王解。范写，强调笔顺笔画；练写，巡视指导；强调，写字姿势；引导，组词理解。拓展了"三足鼎立"、"人声鼎沸"，帮助他们理解了从《教材全解》中搬来的"大名鼎鼎"，认识了班上大名鼎鼎的一个小胖墩——他们的小班长，了解了关坝小学大名鼎鼎的校长王国红，他们的语文兼带综合课的老师。孩子们说他课讲得好，还无所不知。

在理解课文中，我引出了"鸿"的写法，强调了间架结构，拓展了"鸿鹄之志"，告诉他们山外的世界更精彩。孩子们一双双眼睛亮晶晶的。

科学课《物质的变化》，我给他们每人都品尝了我从家里带来的油果子。在有滋有味地咀嚼中让他们明白了：面粉的主要成分是淀粉，而唾液里有一种叫淀粉酶的东西，这种酶能分解淀粉，同时产生糊精、麦芽糖等物质，而这种物质具有一定的甜味，所以我们会感觉到越嚼越甜。进而帮助他们理解物质变化中物理变化与化学变化的区别。还用一片片的油果子做奖励，鼓励爱动脑筋、发言积极的孩子。课堂上洋溢着轻松与快乐。在下午的辅导课上，我引导孩子们从课文中归类关联词语，适当扩充。

一天时间，我给校长顶了4节课。原本是语文午自习，数学老师做了练习，真是太感谢高老师了！要不真有些力不从心了。

放学后，在校长室召开了全校教师会议。全校7名教师（包括我在内）随意散坐在校长室椅子上、床沿上（六年级数学高老师还在给孩子们上辅导课，大王老师已经回家）。大家轻松愉悦地聊起了会议主题。

其一，学校教师情况。校长介绍了自己和另外6名教师。从谈话中了解到校长原是一名中学教师，带数学。大家笑谈，校长的课是最轻的，我心里当下"咯噔"一下，一天就上了4节课，还有一节课幸好被数学老师占用，还是最轻的？这可是我原来一周一半的课时量啊！一周上二三十节课在这里再正常不过了。还有临时代课，最多时带课量甚至达40节。

参会的另外6名教师，一名是校长夫人王爱珍，一名是校长嫂子王桃花，二人均是代课教师。她们与校长并排坐在一张加宽了的单人床上。床边右手靠电脑桌前站着一个小年轻，叫张文博。人很精干，说起话来也头头是道。他说乡村小学教师都是万金油，没有带不了的课。我旁边紧挨着的是郭老师，也是毛头小伙子，刚从陇南师专毕业，外聘，正在备考教师资格证。挨着他坐的是陇南师专来顶岗的学生袁文文，顶岗两个月。再挨过去靠墙坐的是一位代课教师，村里人，个头不高，四五十岁的样子，叫王马厚。人很热情厚道，只是腿脚不方便，或许是小儿麻痹后遗症吧！想起上周六晚上，校长从县城接我到学校时他拎米袋的样子；他热情地打招呼，艰难地上楼。想到这里，我内心一阵感动。补充介绍一下缺席会议的高老师，陇南师专毕业，刚参加工作半年，现带六年级数学和五年级语文，兼任六年级班主任，是学校挑大梁的人，也是这两天里我处的最熟的一个小年轻。从他那儿我了解到学校的很多情况。比如，学校里原有一名教师，叫何培，是学校教导主任兼财务管理，刚调走了。学校里还有1名老教师，也姓王，他们叫他大王老师，五十多岁，以前的老校长，带综合课，只上课不坐班，算是学校对他的照顾。再如，学校里施工半年还未完工的建筑是学校的食堂，估计今年这学期就能竣工，到时候，那些离家远中午不能回家的孩子就能吃上饭了，老师们也有地方办公了。因为学校人手紧，校长安排了怀孕8个月的一名女教师去县城参加培训。培训费用教师个人掏一些、学校承担一些。校长说，该培训老师打电话反映，培训任务太重，培训期又长，怕坚持不下来。但学校再也抽不出人代替去参加培训了，校长一副惘怅的样子。

其二，我的带课情况。校长给我安排了三年级语文和四年级数学。我推说自己带不了数学怕耽误了学生。大家七嘴八舌，说只要有人上课就行。校长补充说，乡村里老师们都这么上，城里的老师更应该没问题。还说，原本是把我安排在西集学区的，但那儿没有住宿的地方，这才安排我到关坝小学来。我住宿的房子是学校的图书资料室，原来是张文博老师住的，现张老师搬到早餐管理室了。想想学校已经这样照顾我了，我也已经像鸭子一样被赶到架子上了，便勉强答应，教数学我只能现学现卖了。

会议拉拉杂杂地开了四十多分钟。从校长室出来，迎面走来校长的小女儿，六年级的雍娜，我今天上课时认识的。据她讲，她家住在雍家沟，就在学校对面的山那边。因为离家远，一家三口就挤在校长室里。只是我有些迷惑，孩子父母都姓王，为啥孩子姓雍呢？以后再了解吧。

回到房间，感觉两条腿酸痛，便瘫倒在床上。回想着一天的生活，紧张、忙碌而充实，正所谓"痛并快乐着"。不过，回味归精神享受，肚子早就开始咕咕叫了。起身开始忙乱地准备晚饭，鸡蛋炒菠菜，然后热了中午剩的半碗面片，凑合了一点带来的大饼，算是填饱了肚子。这时候，王校长端了碗饭边吃边招呼我到他房间里一起吃饭。我婉言谢绝，往他碗里瞟了一眼，白水面片，没有一片菜叶，心里暗自惊叹乡村教师生活之清贫。

收拾了锅碗，这才想起今早托王校长买来的"溴敌隆"灭鼠剂，说明书上说需要用粮食或土豆等搅拌。我拿出一些油果子放在一个塑料袋里，把它和灭鼠剂搅拌在一起，分成三四份放在书架和墙的缝隙里、床和柜子下面。灭鼠是我近几天来最闹心的事情（后叙）。

这就是我的第一天支教生活。从早晨6：40睁开眼到下午5：40回房间，中间做了两顿饭，午休了1个小时，穿插了下午放学后校长在全校师生面前把我隆重推出及散学后的校长办公室会议，再就是中间没课时的回房间搞清洁及灭鼠工作。

此刻，累瘫在床上。

斗 争

3月18日　星期二

今天是我最清闲的一天。全天无课，"斗争"胜利，但心里很不是滋味。

话还得从昨夜临睡前张老师递过来的课程表说起。放学后的校长办公室会议上安排了我所带的课，三年级的语文和四年级的数学。原本想，语文一周七八节，数学五六节，顶多也就十四五节课吧。没想到，张老师递过来的课表上空白的课仅9节。天哪，一天8节，周课时40节，我岂不是要带31节课吗？平均下来每天至少要带6节课啊！张老师解释说，考虑到我刚来，中午还要自己做饭，所以特意照顾我，上午第四节课给我没有安排。

"照顾我？"我有些生气了，"如果不照顾，是不是要给我排满啊？"

"学校里有些人就是上40节。"张老师似乎没有读懂我的生气，"你看，下午第四节课安排的是阅读，语数老师还要分开上。"说着，他把课表递过来。

那就是说，我的课不止31节了？腾的一下，我终于忍不住了。几日来的睡眠不佳、饮食不惯、抛家舍亲、孤单落寞以及可恶的灭鼠战役"综合征"在一瞬间爆发了——

"我是来支教的，不是来打工的。我不是一块抹布，你们想擦哪儿就擦哪儿。我也不是螺丝钉，你们想怎么拧就怎么拧。我更不是消防员，哪儿需要我，我就要出现在哪儿。请转告校长，我不接受！"

……

我还说了些什么我已经记不清了，但似乎不是歇斯底里。张老师以怎样的神情出门，我也没有去观察，但一定不好看。

我气急败坏地躺在床上，却睡意全无。

夜半。惊醒。我清楚地听见可恶的老鼠又出没了。"吱吱吱"，似乎在向我宣战。这该死的老鼠！

　　我气咻咻地开灯，穿衣，打开房门，一股冷空气袭来，我结结实实地打了个喷嚏。我哆哆嗦嗦地从衣柜里拿出棉衣一件件套在身上，然后拍打着衣柜、床铺、书橱。我要把它赶出去。

　　一分钟，两分钟，三分钟……

　　十多分钟过去了，却见不到老鼠的一点儿踪影，但我清楚地感觉到它一定躲在一个什么地方偷偷地笑。

　　几天来，我没有睡过一个囫囵觉。眼睛难受得睁不开。

　　我气呼呼地关了门，再次脱了衣服钻进被窝里，想到昨夜临睡前的课程表便越发生气、越发睡不着了。

　　万籁俱寂。只听见远处小河"哗哗哗"的流淌声。小河流，你是在呜咽还是哭诉？

　　"吱吱吱！"嚣张的老鼠又在跟我叫板儿。

　　我狠狠地用脚敲打着床板，幻想胆小的老鼠一定会被我的动静吓死！

　　一会儿，隔壁的门"吱呀"一声响了。"嚓嚓嚓"的脚步声远了。"咳咳"，听声音是校长夫人到楼下去上厕所了。"嚓嚓嚓"脚步声又近了，门"吱呀"一声又响了。"嘭！"门关上了。

　　我想，要是老鼠被吓死就好了。

　　"吱吱吱"，又叫了。我仿佛看见那灰头灰脸灰尾巴的家伙恶狠狠地瞪起又黑又圆又亮的小眼睛正有滋有味地啃食着柜子里我带来的干粮抑或是我新买的萝卜，跳动在我的砧板上，活跃在我的碗橱之间，甚至就在我被褥上的红毛毯上舞蹈……它就这样一点儿一点儿啃咬着我紧绷着的神经。我想，我一定得了癔症！但前天早晨老鼠留下的阴影至今怎么也挥之不去。

　　前天早上起床，叠被褥时发现压在被子上的红毛毯上有白色的东西，我以为是屋顶上掉白灰了，抬头却发现屋顶没有掉灰的痕迹。继而发现，枕巾上一块黑色的东西，用手一抠就掉下来了，扁扁的。再回头，竟发现书柜上、桌子上也留着一串白灰。天哪！靠在书柜上的前天刚拆开的面粉袋里竟是杂乱的印子。老鼠？确实是老鼠。书柜上还留下了它的杰作——老鼠屎。那我枕巾上的应该也是了。该死的老鼠！在我熟睡之际，跳跃着来到我的身边，爬上我的被子，是否亲吻了我的脸颊？枕巾上留下的，那便是猢狲到此一游的物证了！

　　真是膈应！再也不能让它如此肆无忌惮地与我近距离接触了！于是再次开灯，起床，斜靠在床头，没有了一点儿睡意。打开手机，闹腾了半夜，原来还不到4点。索性就靠在床头顺手拿起书柜上的《穆斯林的葬礼》看起来。读了几行，眼前的文字竟变成了黑点，密密麻麻的，像老鼠屎一样，一会儿又变成了那密密麻麻的课程表。我脑子里开始算起账来：

每天8节×5天=40节。

40节×6个年级（学前班、一至五年级）=240节。

六年级每天9节×5天=45节。

全校总周课时285节。

全校9名教师，每人平均近32节课。

真是不算不知道，一算吓一跳！老师们真是连轴转，拿命在豁呀！看来果真是照顾我了！可是照这样豁命的干法，真是干不了多久我就得累趴下了。仅第一天的4节课我就累得晕晕乎乎，一日三餐随便应付了事。

这不是蛮干吗？小学生的在校时间不是不能超过6小时吗？屈指算算，孩子们一天8节课。全校221名学生，有六七十名是中午回不了家的，啃着干馒头，渴了，就把嘴搭在水龙头上"咕咚咕咚"，然后用袖子一抹嘴就算对付了。多可怜啊！这样的安排一点儿也不科学。学生累，老师累，效果又在哪里呢？越想越不对劲儿，愈发不能接受课表安排。等天亮了，我一定要找王校长说说。

整夜折腾，几乎是熬到了天亮。洗漱完毕，去找王校长。没等我多说，王校长一句："学校就这情况。要不，你到九年制学校去，那儿带课轻。"

看来王校长的意思是要撵我走了。再解释，王校长依然态度坚决，拉长了脸，把学区刘校长的电话告诉我就走了。

好吧！事已至此，我没有了选择。我悻悻然拨通了刘校长的电话。他异常平静地听我讲完了事情缘由，只说了一句"好的，我们一会儿就到关坝，来了再说"。

"嘀铃铃"，是手机短信提示音，查看，是在西和稍峪学区支教的柴老师发来的短信：

"一周13节，数学和科学。"

一看这短信，我斗争的决心更坚定了。

不久，学区刘校长和杨校长便到了。二人笑谈，关坝小学的确存在很大困难。见我面露不悦，刘校长便表示很理解我的境况，去掉了我的数学课和音乐课，这样一来，我的周课时变成了18节。我心里窃喜，王校长却一脸的不高兴，不断重复着学校的困难。

说话间，铃声响起，中午放学了。刘校长把手一挥，态度坚决地说："就这么定了！你的困难你自己解决，办法总比困难多嘛！人家曾老师抛家舍亲，从省城兰州来到我们这儿支教，他提的要求也是合理的嘛！把数学课和音乐课去了，去了！"

刘校长说着便起身往外走。王校长只得作罢，挽留两位校长吃了饭再走。

我想着两位学区校长大老远为我而来，当即表示，"请几位校长赏光，中午我请大家吃饭！"

几位校长都笑了。说村里没有饭馆，我诚恳地提出，"那就到镇里吧！"他们笑得更厉害了，说远得很呢。

王校长拿起电话不知道在给谁打电话，用的是纯正的西和话，我一句也没听懂。学区杨校长对我说："走，你也一起走！"见我一脸茫然，他补充说："就是关坝小学原来的校长。"我一再推辞，说日后有机会一定请大家到镇子里吃饭。

几位校长笑着伸手就来拉我。恭敬不如从命，也正好借这个机会感谢一下几位校长，尤其是对王校长，我还要表达一下我的歉意。刚来就惹麻烦，以后还咋待下去呢？于是跟着三位校长向楼下走去。

且说关坝村。一条水泥路蜿蜒在最中间，两边山峰连绵起伏，山势和兰州的山没什么两样。只是山上有许多树木，但依然不绿。远比不上3月15日来陇南看到的徽县和成县。一路攀谈。了解到关坝村不大，有一百多户人家。关坝上面是袁坝。村子两边的山背后都有住户。这边是马山，那边是雍家沟，郭山还在这边山背后。杨校长说着指着山的两边。学校里六七十个孩子上学走山路，要走一个多小时呢。我心里暗自感慨山里的孩子上学真不容易。

老校长家就住在一个山脚下。老远就见到一位面目清瘦、精神矍铄的老人笑着迎面走来，热情地打着招呼。

进入老校长家，新盖的堂屋很是气派。这是我不曾见过的民宅，高高的门槛足有一尺多高，似乎比故宫大殿的门槛还要高。屋里的装饰很有特色。木头板材装的墙裙，有点像20世纪八九十年代城里人装修楼房的样子。炕围比较高，跟屋顶相呼应。炕沿放了一个火盆，火烧得正旺。老校长热情地招呼我们上炕。我哪里习惯得了，几番推辞便坐在炕沿边，三位校长也不再勉强。他们上了炕，盘腿而坐。刘校长把脚伸进炕头的小被褥里。此情此景，让我不由想起小时候，我们老家也有这样的习俗。

一会儿，老校长拿来了几个小小的瓷器罐子，里面都插着一根小竹签。王校长接过来，娴熟地往里面添了一撮茶叶。老校长又拿来几个圆片，放在火盆的四周。王校长便把几个小罐依次放在了小圆片上，又拿起一个小茶壶。往里面分别添上了开水，顺手便把小茶壶放在了火盆边沿上。然后又接过老校长递过来的比酒杯大一号的杯子，往里面分别放了几块冰糖，然后分别放在了我们的面前，每人一个小罐、一个小茶杯。这时候，小罐里的水已经沸腾。几位校长拿起小竹签，把漂浮在上面的茶叶往里边拨着、搅着。"绿蚁新醅酒，红泥小火炉"写的不就是这番景象吗？待小茶罐里的水开始沸腾，他们拿起各自面前的小茶罐把茶水倾在面前的小茶杯里。王校长一面麻利地帮我倒茶，一面招呼我好好品一品、尝一尝他们的罐罐茶。端起小茶杯，轻轻抿一口，苦涩中伴着甜味，很像我们喝的三炮台的味道。王校长又帮我往茶罐里添了水。就这样，聊着天，喝着茶，我用心观察，细心地照着他们的样子，把煮好的茶水倒进面前的小杯里，又把小罐放回炭盆里的小圆片上。

他们愉悦地用西和话聊着天，我大概能听懂一些但不多。一会儿的工夫，饭熟了。火盆稍往前一挪，又放了一个炕桌，和我小时候老家用过的炕桌有些像。

这次，非得上炕了，因为炕沿上够不着炕桌上的菜。老校长热情招呼，让我慢慢习惯。上了炕，盘腿坐不住，腿伸开又不礼貌，我只好歪着身子跪在炕上，把双脚尽量往屁股下面放。老校长又是凉菜、又是热菜地招待，还有酸菜面，味道很像煮热了的浆水面。吃饭间又放上了酒杯。几巡碰杯之后，我赶紧借花献佛，给几位校长敬酒。感谢，致歉，王校长便又说起了带课的事。原来，因为我的拒绝，我不带的数学课给了顶岗的袁老师，袁老师的部分课只好匀给了老校长。而我此刻竟坐在老校长的热炕上，享受着人家的盛情款待。

我的脸烧得通红……

斗争胜利，心里却不是滋味！

夜 谈

3月19日　星期三

今天，除了我的4节课之外，我还听了2节数学课，早上一节袁文文的，下午一节高源鸿的，这是王校长特意安排的。每次都是突然进屋来诚恳邀请我与他一起去听课，说是让我帮忙给他们年轻人好好指导指导。但听完课，他根本顾不上听我的评课意见。

唉，这个王校长！

昨天晚上，他过来找我聊天，从9点一直聊到了12点。絮絮叨叨的，从他的幼年一直讲到了现在。很是推心置腹，让你有种相见恨晚的感觉，又怀疑他喝多了酒。

他幼年丧母，兄妹三人由他老父亲一手拉扯。十多年前他的弟弟突然病丧。老父亲现已七十多岁，体弱多病，独居村里。他们村叫雍家沟，在学校对面的那座山后面。他原本姓雍名卫红，后来改名为王国红。上学期间，因为家境贫寒几度辍学外出打工，做过麦客，干过矿工，也在建筑工地当过小工。他原是西和三中的数学老师，只因父亲生病不得已回到村小。先是在铜水小学任教，2003年调到这儿任校长。没有校长职务津贴一说，用他的话说只是这所学校的负责人而已。为了抓好这儿的教学质量，他绞尽脑汁、耗尽心血却无怨无悔。有时候，学区打来紧急电话，他不得已放下粉笔跨上摩托车匆匆而去，课程只得交给其他老师。忙完事情，必风急火燎般赶来上课，因为娃娃们的课不能耽搁。再说每年还要统考，去年全县一百七十多所完小，关坝小学排名第23名。统考科目语文、数学、综合（品德和科学）。他每年都带毕业班语文和综合，作为把关老师。有时候，自己在上课，听到哪间教室吵得厉害，他还要像消防员一样赶去救火。而更多的时候，他顾不上回家。有时候一个星期都回不了一次家，无法照顾独居的老父亲。说话中，40多岁的汉子，高大魁梧的他，眼窝子竟有些潮湿了。而我竟然推掉了他安排给我的数学课，心里的懊悔只能咽到肚子里。

聊到学校现状，他更是忧心忡忡。原本5位公职教师。何培，原教导主任，成天只知道自己学习，考研复习，现已调离。张娜，新分配的女教师，怀孕8个月，现去县城参加培训，估计生个娃也就调走了。王怀礼，老校长，工作量最轻，上课不考勤，有课来上课，没课回家休息。剩下两个公办教师，他和高源鸿，带毕业班算是把关吧！说着他自嘲地笑了笑。张文博，刚考进来的"三支一扶"教师。郭卫军，外聘，和张文博同时来的，正在考教师资格证。再就是三位长期代课教师，两个女的，一个是他夫人，一个是他的远房嫂子；一个男的，王马厚，已经干了20多年，因为腿残疾，是个老光棍，文化程度不高，但很敬业，虽是村里人，家离学校不远，但住在学校，既代课又负责门卫、值周等工作。二楼办公室的那张床就是他的。每天6：40广播一响起，他就开大门。代课费600元/月。你说哪能拴住一个人呢？突然间，他提高了嗓门，眼里满是愤懑。我无言以对。

师资紧缺，参差不齐，有些代课教师自身水平有限，只能安排带低年级。到了中高年级，教学水平相对高的老师再像打补丁一样给孩子们补上低年级时知识的漏洞，甚至是纠正错误的知识。即便如此，教师队伍的不稳定也尤为突出。刚分配的教师，或聘请的刚毕业的大学生就在他辛勤培养一年半载后，感觉刚刚上手就离开了学校，所以对年轻教师的培养倾其全部而总是落空。天要下雨娘要嫁人，有什么办法呢？自古以来都是铁打的营盘流水的兵，他苦笑着，像是在自我安慰。

谈到抓管理，他也有自己独到的见解：放下架子勇挑重担，宽以待人，严于律己，条件艰苦、工作艰辛，但要尽量让大家工作舒心。我突然想起操场一角有一块标语牌："用欣赏的眼光看学生，以尊重的态度待老师。"这不正是他管理的座右铭吗？

而抓好教学质量，在我看来，他的法宝便是延长孩子们的在校时间。早上作息时间表安排了7：40上早自习，而6：40广播就会响起，孩子们就会在音乐声中陆续走进学校。对于这么早放广播，他还有自己的道理：近处的孩子听到广播开始起床，远处走山路的孩子听着广播就不会害怕。因为学校正在建食堂，一半操场被施工的水泥、沙子占用，孩子们没有课间操。在上完连同早自习四节课以后11：00放学，下午1：10开始上午自习。然后在两节课后又安排了阳光体育活动。其实，这只是个名堂，用于语、数课辅导。午自习、辅导课均是40分钟，早自习课表上是40分钟，其实老师们大部分都是7：00就走进教室，一上就是80分钟。六年级学生在其他学生放学后还有一节辅导课，有时候还要延迟放学时间。就这样，他和老师们一起以校为家，忘我工作，教师苦抓，学生苦学，让这所西和县灾后重建学校被评为"洛峪镇先进学校"。

每天放学后，校园里总有他忙碌的身影。管理中午回不了家的孩子，叮嘱他们注意安全。适逢校园文化建设检查评比，往墙上张贴新标语、修补旧标语是他这几天每天饭后闲暇必做的功课。

不知不觉夜已深。送走王校长，已是新的一天。听得见学校对面河坝里的流水声，间或是哪家的狗汪汪叫几声。

万籁俱寂。我却翻来覆去怎么也睡不着了。

流水账

3月20日　星期四

今日几件事没有太大相关，权当记下流水账。

一、炕焦味

每天走进教室，尤其是早自习时，都会有一种很冲的味儿。起初，我以为是教室的卫生问题。利用早读，我开窗通风、拖地清洁，连着收拾了好几天，气味依旧不减。今天，在给学生面批作业时我才知道，是孩子们身上的味儿，一股浓浓的炕焦味。

经了解，班上22名孩子，有一半早晨起来不洗脸，极个别学生有刷牙的习惯，两三周洗一次头是再正常不过的事情。根本没有洗澡的条件，要洗澡就得到十多公里外的镇子上去。他们大部分属于留守儿童，有三分之一的孩子没有走出过村子，到过西和县城的孩子也是极个别的，用"井底之蛙"来形容他们一点儿也不为过。

如何让这些孩子跳出井口去看看外面的世界，哪怕是听一听也好，成为我的新课题。

二、听写

几天来，我慢慢发现，孩子们已经习惯了灌输，习惯了无条件地接受。每天到校的晨读，咿咿呀呀，大声野气，好像是要把睡了一夜焕发的全部力气都用上。对于背得滚瓜烂熟的课文，倘若你突然间提出问题来，他们会立刻鸦雀无声，目瞪口呆。

今早带领孩子们复习了第一课《燕子》，大致梳理了文章脉络：外形美、春光美、飞行美、停歇美，然后引导孩子们背诵课文。只要起个头，他们便咿咿呀呀地齐背起来，都张着嘴巴，看似背得滚瓜烂熟，但指名背诵时，却发现有三四个学生结结巴巴，根本背不下来。接着对生字词做了认真归类、分析字形、强化识记后，现场听写。共听写生字词17个，正确数量大致汇总如下。

第1课字词听写情况汇总表

学生序号	1	2	3	4	5	6	7	8	9	10	11
正确数量	16	5	3	1	16	16	3	1	14	17	12
学生序号	12	13	14	15	16	17	18	19	20	21	22
正确数量	15	9	5	1	5	17	13	12	0	14	2

明确首要目标：一定要狠抓"双基"，从字词过关开始，从每天的晨读和"日有所诵"做起。

三、提水

下午放学后，我拎着大塑料桶去操场接水，几个六年级的男孩从楼上看见后跑下来，不由分说便帮我把水提上了楼。代课老师王桃花看见后笑言，这娃们心里有你。谁说不是呢？我的心里乐开了花。几天来，他们总喜欢课间休息时往我办公室张望，害羞地叫一声"曾老师"，然后便笑着离去。

每每望着这些衣衫单薄、笑靥如花的孩子，我都在想：一年支教，我应该给他们一些什么。

我能给他们什么呢？

周　末

3月21日　星期五

转眼间，周末了，没有降旗仪式，与以往任何一天没有什么区别。在下午第四节课以后，王校长在操场上与孩子们进行了每天的总结。他用的是纯正的西和话，我听得很费劲，只听懂了这样的高频率的问答。

"晓得（dei）不？"

"晓得（dei）！"

……

后来经过王校长的夫人解释我才知道，他在强调纪律、卫生、安全等事宜。

吃完晚饭我正在刷锅，王校长走进来，放下了他的办公室钥匙，说我一定需要上网。我连声致谢，送他出门，他径直往六年级的教室走去。原来他还在给学生们辅导作文。一会儿，有了孩子们的欢声笑语，放学了。他和孩子们一起走出校门。看看时间，已经6：20。

校园里一下子静下来，静得让人害怕。连常住校的高源鸿也进县城了。好在小郭还在。知道他要复习考试，故没有去叨扰他。去校长办公室上网，上了"三区支教"的QQ群，群里一如既往地热闹。浏览着大家的发言，发现大家的情况都差不多。

我在心里安慰自己：虽然身处僻壤，课时量较大，但淳朴的民风、同事间亲如一家的氛围确实让人打心眼里洋溢着温暖。

一会儿，短信提示音响起，是师傅小平老师：

"难得这样一方净土，安享岁月的宁静吧！"

我知道，我需要好好修行。

赶 集

3月22日　星期六

今早6：40广播一响，我就一骨碌爬起来洗漱，准备上洛峪镇赶集。王马厚老师上楼来关广播，告诉我赶集不用太早，10点左右刚好，否则市场上什么都还没摆上。我这才慢条斯理地收拾，煮了一碗挂面，然后到校长室上网。看到"三区支教"群里大家热闹的发言，感慨自己忙碌的一星期，恍若梦中。

一晃儿便到9：40，出门等车，热心的村民告诉我，头趟车都已经走了，二趟车恐怕要等到11点了，不过不怕走路的话，步行6里路到喜集就会有车。

哈哈，真是起个大早却赶个晚集！

沿着水泥路一路下坡，但见群山环抱，山色一片新绿，梯田一块块、一条条已是绿意盎然。听王校长说过，他们种的是冬小麦，仔细看足有六七寸高了。一路上几乎见不到人，偶尔有摩托车疾驰而过。想伸手拦下一辆车搭乘，又怕自己受不了这阵寒风，走着还能热乎些。

峰回路转，依然群山环抱，只听见溪流一路欢歌。忽然听见一阵欢笑声，以为到了喜集，便迈开大步往前走。近了，再近了，转过弯，迎面走来一群孩子，大的十一二岁、小的三四岁的样子，嘻嘻哈哈，好不欢乐。他们看见我后唧唧咕咕地说着什么，我一句也听不懂。问他们从哪儿来要去哪里，他们笑得更欢了。望着他们红扑扑的脸蛋上洋溢着的灿烂笑容，我掏出手机说要给他们拍张照片，他们争先恐后往前拥。我提出小的在前、大的往后站，他们很快找到了自己的位置。拍了几张，翻给他们看，他们纷纷伸出小手想自己触屏，真是一群小机灵！跟他们说笑了几分钟，虽不能完全明白他们的话语，但他们的快乐无疑感染了我。

孩子合影

别过几个孩子，继续往前走，仍是群山绵延。不知道前面的路还有多远，只感觉天地间只有我在移动，群山静静地伴着我，忽而想起李白的《独坐敬亭山》：

> 众鸟高飞尽，孤云独去闲。
>
> 相看两不厌，只有敬亭山。

但我并不落寞。

路在往前延伸。脑子里不断回放支教一周以来的见闻，不由回想起3月15日我们从兰州出发的情景。

那天一早，赴陇南支教的90人分乘三辆大巴，除走宕昌、武都一带的30余人走了一条线，其余两辆车浩浩荡荡走过定西、陇西、天水，就像被装进集装箱，集体被托运到了成县。短暂的自助餐时间，还没来得及互相认识，礼县、徽县、西和、两当等县区教育局的人已经来接我们了。从大巴上搬下行李又塞进各自支援县区的中巴。一路颠簸3个小时，两边青山逐渐变荒山，裸露一大片一大片的黄土，像极了斑秃，心情不由低落。14名到西和支教的老师中有人便开始抱怨，文件上"市支持县，县支持乡"的精神完全没有落实。到西和县城已经下午5点多。车子一停下，西和县教育局负责人便拿起名单叫名字，然后一一介绍给了受援学校的领导。紧接着，就像归巢的鸟儿般各自飞回笼里，大家没有留下彼此的电话号码，紧紧张张地道声"再见"就被领走了。

没有寒暄。接我的王校长不由分说背起我最大的行囊，走在前面引路。我一手提着灶具箱，一手拉着拉杆箱紧跟在后面。天色渐晚，我怕自己跟丢了。望着王校长高大的背影，我百感交集。他刚才帮忙卸下我们一车人的行李，累得满头大汗，我心里想，跟着这么一个实诚的校长干工作，应该不会被亏待。行李挤进了停车场马路对面路边停靠的一辆小面包车的后备厢里，我也挤进了车里。车上五六个人叽里呱啦地说着西和话，我一句也听不懂。想到自己将要被扔到这样一个语言不通的地方，我的心隐隐作痛。又是一路颠簸，车子终于停下来，我以为到了目的地，原来刚到了洛峪镇。

进了一家小餐馆，王校长招呼上炕，我哪里能习惯。王校长就斜坐在炕边喝起西和人的罐罐茶来。一会儿，烩面片端上桌来，看着一大碗面片，上面漂着一层辣椒油，我没有一点儿胃口。要了一个小碗，舀了小半碗，勉强填进肚子。吃饭间，我们一句没一句地聊天，才知道我被分配到喜集学区关坝小学，离镇子还有15公里。

吃过饭，王校长带我买了米、面、油、盐、酱、醋等生活必需品，还硬抢着付了款。等车子开起来，天早已经黑了。窗外黑黢黢的。从车前灯看到并不宽的路两边都是山。我不知道自己将要被带到一个什么样的地方。车辆转弯，没有减速，没有鸣笛，我真担心开车的小伙子的驾驶技术。他怎么就不担心迎面会驶过来车辆？终于忍不住问了一声，小伙子笑着说："都这会儿了，是不会有车从村里开出来的。"我倒吸一口气，知道自己完全是进到山里了。

不知过了多久，王校长开始打电话："曾老师两分钟就到，你们几个到门口接一下。"很快，车子停下来，有三个人已经在路边等候。他们热情地迎上来，只问了声"来了"就扛起行李往楼上走。在灯光下，三层小楼映入眼帘。上了三楼，宿舍已经打扫干净，最可喜的便是四五个大书柜里摆满了图书，我心里暗想：即使上不了网，此后有这些书做伴，便不会过于寂寞。细心的王校长给我提过来一壶热水，一会儿又拿来一个插线板，年轻的高老师不知从哪儿找来了两个大纸箱拆开铺在了我的床板上……我心里开始温暖起来。

一周以来，我心里总是涌动着感动，为整天忙碌的农村教师们的辛劳工作，为天真稚气的农村孩子们的求知若渴……自己身居僻壤却总有一种被需要感。

就这样，一路前行，一路回想，一路憧憬。

路还在延伸，我在路上。

40多分钟后，我来到了喜集。首先看到的是九年制学校。三层楼，白墙青瓦，比关坝小学气派很多。听王校长说过，起初我是被安排到这里的，带课量会轻一些，但是住宿紧张。

在喜集搭车来到镇子。到底是镇子，比喜集要热闹很多。一路走，一路看。

看哪家店铺有什么好吃的，哪儿能买到"小太阳"。打听哪儿能洗澡，哪儿购物好。不知不觉来到了西和三中，知道那里有一块来支教的老师，真想去看看，却不知道他们的姓名，也没有电话。

继续往前走。来到集市，茶叶、小吃、服装、农具一应俱全。最让人惊喜的是，竟然碰到了在西和三中支教的两位老师，真有"久旱逢甘霖，他乡遇故知"的激动和欣喜。一阵嘘寒问暖，我们约好等我洗完澡再聚。我径直往市场一角的浴池走去。温暖的浴室让我仿佛找到了家的温暖。只是水有些小，淅淅沥沥，凑合着洗去了一身的尘垢，洗去了一周的疲劳。一周时间，因为天气冷，我没敢洗头，唯恐感冒。

洗完澡，在集市一家商铺里买了一个"小太阳"，便到西和三中门口。打电话给宁老师，他很快跑出来接我进校。聊天中才彼此熟络起来。胡仁芳，50多岁，兰炼二中的语文教师，现带高一的语文，课时量也不轻；宁毅，30出头，农垦中专计算机教师，还没有安排课，暂时管理机房。他俩住在一间宿舍里。胡老师俨然一位兄长，一会儿招呼吃水果，一会儿拿出锅盔，还有柿饼、瓜子等小吃。宁老师也没闲着，用小电炉烧了罐罐茶，斟了一杯又一杯，使人倍感亲切。后来二人带我到集上吃了西和县有名的杠子面。

原想再转转市场的，看还有什么需要买的，但集市上已经陆续有人收拾摊子了。一打听才知道，回关坝的车早已经没有了，两位老师执意要留我住下来。我想着或许会有过路的车，便和两位老师站在路旁边聊天边等车。

路边等车时，与一位等车的男子交谈。男子一听我是来关坝支教的，说他正在等朋友的车，正好路过关坝，可以把我顺路带回去。心里很是温暖！

一会儿，一辆小面包车停在跟前。我与两位老师话别，便上了车。车上，人家又是敬烟又是让水果，很是感动人。

那是一种真心实意的情意。

我更加喜欢这个地方了，也喜欢上了支教工作。

雍家沟

3月23日　星期日

今天吃过早点，我专程去了一趟雍家沟，一来拜访一下王校长，看望一下他的老父亲。二来，爬爬山，看看景，也算是锻炼身体，愉悦身心。

出校门，沿着公路走了二三百米，然后拐进了一条山路。山路坑坑洼洼，偶尔有拖拉机"嗒嗒嗒"地喘着粗气经过，由远而近，再由近及远。越往里走，山色越绿，树木也多起来。

大约走了半个小时的路程，远处的山洼下有了人影。再往前走，树木掩映下，有了几户人家。

"汪汪汪"，狗叫起来。"咯咯咯"，母鸡也颤颤悠悠地叫起来。对面山路上，骡马驮着箩筐一步步向山上走去。

终于看到对面半山腰一户破旧的八字顶的土坯房里走出来一位老大爷，我边疾走几步边扯开嗓子问大爷。

"大爷，麻烦您，请问关坝小学王校长家在哪儿？"

经过多次重复，大爷似乎明白了我的问话。但他老人家说什么，我却怎么也听不懂。看他的手势，还要继续往山里走。

谢过老大爷，又走了十多分钟，村落渐渐多起来。大多数都是依山而建，高高低低，错落有致。

"曾老师！"头顶上有个孩子在叫。循声望去，只见站在一个小土坡上的孩子，红得发紫的小脸笑成了一朵花。想必是关坝小学的学生。再问路，他小跑着下了土坡，来到我的身旁，傻傻地望着我笑。

在他的带领下，我们又走了七八分钟，拐进了一条蜿蜒小路。再爬上一个小土坡，便绕进了一家院落。新建的房屋还没有院墙，也没有大门。院子里堆放着砖头和沙子。

　　王校长闻声迎出来，热情地招呼我上了他家的热炕头。在火盆上烧上罐罐茶，我们便天南海北地聊起来。

　　谈及老人，他深感自己不孝，没有工夫在膝下服侍老人。他带我去老屋拜访老人家，茅檐低小，大门紧锁。

　　谈及子女，倒是个轻松的话题。儿子初二，女儿六年级，两个孩子学习都很优秀，这是他最引以为豪的事情。

　　谈及房子，他说房子已经盖了三四年了。一是经济困难。二是没有时间，使得新房子都放成了旧房子，至今还没有粉墙、吊顶、装饰，连院墙、大门都没有完工。什么时候房子能完全竣工给老人一个舒适的居住环境，聊着聊着他陷入了沉思。

　　火盆里的炭火烧得正旺，照着他黧黑、红润的脸颊，一双眼睛透出迷茫又带着凄楚的光，像是在回忆往事，又像在期待未来。

　　我心里感慨万千。

　　这不就是边远山区乡村教师的缩影？

　　一腔热情洒教育，哪有闲暇筑爱巢！

观摩课

3月24日　星期一

今天，利用午自习，王校长带了3名青年教师来听我的语文课。

今早他过来打过招呼。因为时间紧，再加上孩子们习惯了灌输，习惯了填鸭式教育，我也在不断摸索适合他们的教学方法，因而也没做太多准备，就凭着一支粉笔、一张嘴，上完了寓言故事《亡羊补牢》。

下午放学后，在二楼办公室召开了会议。王校长连同上星期听过的两节数学课作了点评。一个劲儿夸我，说我的课导入自然、语言幽默、课堂生动、识字有趣，提倡大家向我学习，特别是用不同颜色的粉笔写生字，区别生字偏旁，提高识字效率。还说要我再准备一节观摩课在本周教育局检查工作时展示。

本次检查是西和县教育局对所属272所完小的一次评估，相当于我们学校的年终考核，检查包括教育教学、安全、卫生等多方面工作，评比结果将直接关系到学校的声誉。

真是越说越叫人紧张！

我连忙推辞："这样的展示课就让年轻人来上吧！我帮着指导。"

王校长诚恳地说："你不会连这样的忙都不帮吧！"

老师们连连附和。俨然大敌当前，非我莫属。

我只有暗下决心，全力以赴。

课堂趣味识字例谈：

羊圈的"圈"。结合西和家里来客人请上热炕头的习俗，我这样引导学生识记：四四方方热炕头，一位夫人头插两朵花盘腿而坐，一条腿向左弯（丁），一条腿向右弯（乚）。我一边板书，一边做动作。学生在轻松愉悦的氛围中，牢牢地记住了这个生字。

备 课

3月25日 星期二

在今天下午的辅导课上，我指导孩子们进行仿写练习。抓住燕子的外形描写，朗读、分析、感悟，然后选取了学生熟悉的动物，如狗、鸡、猪、羊、马等，指导口头练习，然后动笔写片段。

巡视中，看着孩子们仿写的练习，我彻底无语。

"一身洁白的羽毛，一对俊俏轻快的翅膀，加上剪刀似的尾巴，凑成了活泼机灵的母鸡。"

我开始怀疑我自己。

我该如何引导他们进行写作训练、提高作文能力？

慢慢来吧！我这样劝慰自己。

不知道教育局的评估检查是什么时候，可不能丢人啊，还是早做准备吧！

翻翻教材，我准备上《惊弓之鸟》。认真研读了《教师教学用书》后，确定了"以读代讲，读中明理"的思路，便开始了备课。

以读代讲　读中明理

——《惊弓之鸟》教学设计

【教材简析】

《惊弓之鸟》是人教课标版三年级语文下册第三单元的第二篇课文。本组教材围绕"怎样看问题，怎样想问题"这个专题编写。这篇课文是一个成语故事，讲述的是古时候有个射箭能手叫更羸，他观察了天上飞的一只大雁后，不用箭，只拉一下弓就使大雁掉了下来。原来这是一只受过箭伤、孤单失群的雁，一听到弦响就吓得从天上掉下来了。"惊弓之鸟"这个成语因此得名，比喻受过惊吓后，遇到一点儿情况就害怕得不得了。

这则成语故事语言生动、形象鲜明。全文共九个自然段，按照先果后因的顺序展开叙述，先写更羸提出不用箭、只需拉弓就能使大雁掉下来；然后写更羸试了一下，大雁果然从半空直掉下来；最后以环环相扣的说理，分析推断虚发雁落的原因，是一篇很有说服力的推理文章。更羸之所以能做出这样的分析和判断，是因为他善于观察，勤于思考。他看得认真、听得仔细，并且能够把看到的、听到的和自己的实践经验结合起来进行思考。

选编这篇课文的意图是引导学生抓住关键词句，理解课文内容，从更羸善于观察、善于分析中受到启发，学习对事物进行分析推理的方法，初步培养学生乐于观察、勤于思考的兴趣和习惯。

【设计思路】

《教师教学用书》在单元说明中强调："本组课文语言朴实生动，含意深远。学习本组课文，要以读为本，运用学到的阅读方法把课文读通、读懂，注意抓住和理解课文中的关键词句，联系生活实际，体会故事中的道理，初步受到科学的思想方法的教育。"

这篇课文内容基本都是以更羸与魏王对话的形式出现的，课后练习也提出了"分角色朗读课文"的要求，要引导学生读好人物对话的语气，注意体会人物的情绪变化。在练习朗读的过程中，可以让学生充分发表意见，说说该怎样朗读，为什么这样朗读，从而领会有关词语的含义和说话人的内心思想活动。尤其是课文最后更羸道破天机，应当说是作者有意安置的精妙之笔。在逐步对内容有更深理解的同时，再有感情地朗读，然后加以评议，沟通从认识到理解的桥梁。

同时，要通过理解最后一个自然段更羸说的话，进行理解语言文字和正确思维方法的训练。可以先让学生弄清楚更羸一共说了几句话，哪些讲的是他看到的、听到的，哪些讲的是他的分析，使学生把更羸说的这段话读懂。倒装因果关系的句段组合是这篇课文在写作上一个突出的特点，小至更羸对大雁分析的句子，大至整篇课文的结构安排，不仅反映出更羸善于观察、善于思考的特点，也有力地突出了文章的中心内容。

根据课程标准对中年级阅读教学的要求，要培养学生"能对课文中不理解的地方提出疑问"，教材在这方面加强了训练。更羸无须用箭，只需拉弓就能使大雁掉下来，这种技艺若非亲眼所见，无人会信。因此，教材在更羸说这句话的旁边提出了"真有这样奇怪的事情吗?"以引发学生的思考,带着疑问阅读下去。课文中有许多地方值得进一步探究,如更羸为什么不用箭也能射雁?更羸依据什么判断出这是一只受伤的大雁?在一起打猎的人为什么没想到这个办法?让学生带着问题去思考、讨论,并从课文中寻找答案。

课文后面"学习伙伴"以感叹的话语说"更羸的判断真准确呀",这是深入理解课文内容后的真实感受,也是落实课程标准中"初步感受作品中生动的形象"的一个表现,可以让学生根据课文内容讨论更羸的分析有没有道理,从课文的前后联系中可以发现,更羸的每一句话都是有根据的、正确的,更羸的本事不在于能不用箭、只拉弓射下大雁,而是他知道这是一只受过箭伤的大雁,使学生体会到更羸比一般人高出一筹的是善于观察、善于分析,并且果断地作出判断。要让"学习伙伴"的话成为全班同学共同的心声,从更羸正确的思想方法中受到启迪。

在学生理解课文内容、懂得课文讲述的道理的基础上,可以回扣课题,说说"惊弓之鸟"这个成语的意思,以及延伸的意义。联系日常生活,说说身边以及在电视、电影或者读过的故事里所知道的类似的人。鼓励学生课后把这个故事讲给身边的人听。

【教学目标】

(1)会认5个生字,会写12个生字。正确读写"惊弓之鸟、魏国、射箭、打猎、大雁、拉弦、大吃一惊、本事、悲惨、愈合、孤单失群、裂开"等词语,懂得"惊弓之鸟"这个成语的意思。

(2)分角色朗读课文,抓住关键词句,理解课文内容。

(3)从课文的学习中受到启发,懂得只有善于观察、善于分析,才能对事物有正确的认识;学习对事物进行分析推理的方法。

【教学重、难点】

联系上文理解最后一个自然段更羸说的话,要把着眼点放在引导学生理解、体验更羸观察、分析、判断、推理的思维过程上。

【教学过程】

(一)复习引入,板书课题

同学们,前面我们阅读了两篇寓言故事,我们知道寓言小故事当中包含着大道理,那么从两篇寓言中你明白了什么道理呢?

今天,我们一起阅读一篇成语故事——《惊弓之鸟》(板书课题),相信你一定会从中受到启迪。

（二）范读课文，初步感知

"惊弓之鸟"讲了一个怎样的故事呢？请同学们打开书第38页听老师读课文。

读后提问：课文讲了谁的故事？

（板书：更羸；强调"更"是多音字，在课文里读gēng，不要读成gèng。）

更羸是一个什么人呢？请快速读课文第一自然段，指名回答，采用扩展的方法，从理解"能手"到理解"射箭能手"，再理解"有名的射箭能手"，一步步加深学生对更羸的了解。

设疑：更羸说，他不用箭，只要拉一下弓就能让大雁掉下来，你相信吗？更羸真有这样的本事吗？请同学们自由朗读课文。

（三）自读课文，把握内容

（1）学生自读课文，要求：

① 圈画生字，勾画词语，把生字借助拼音多读几遍，读准字音；

② 标出自然段序号。

（2）板书词语，"开火车"式认读。

魏国　射箭　打猎　大雁　拉线　大吃一惊

本事　悲惨　愈合　孤单失群　裂开

（3）识记字形。

① 猜字谜：八千女鬼，引出"魏"。

② 归类识字：熟字加偏旁是识字的常用方法，看看哪些生字可以用这种方法来识记？

（4）再读词语，巩固识记。

（5）课文讲了一件什么事？

（四）朗读指导，角色体验

（1）过渡：课文内容基本都是以更羸与魏王对话的形式出现，让我们分角色朗读课文，感受人物的不同形象，好吗？

提示：注意读好人物对话的语气，注意体会人物的情绪变化。

（2）小组分角色朗读。在朗读过程中，可以让学生充分发表意见，说说该怎样朗读，为什么这样朗读。从而领会有关词语的含义和说话人的内心思想活动。

（3）小组展示，相机指导。

更羸"指着大雁对魏王说：'大王，我不用箭，只要拉一下弓，这只大雁就能掉下来。'"更羸的话中用了"只要……就"，表达出更羸的胸有成竹，所以读时语气要肯定。又如，"更羸说：'请让我试一下。'"从这可以看出更羸虽有把握，但态度谦和，所以这句话应该用谦虚的语气来读。"更羸笑笑说：'不是我的本事大，是因为我知道，这是一只受过箭伤的鸟。'"这里，理解更羸之所以"笑笑"是因为事情的发生全在他的意料之中。

更羸只拉弓就能射下大雁的事实着实令魏王"大吃一惊"。从"是吗？"、"你有这样的本事？"的怀疑到"啊！"、"真有这样的本事！"的惊讶，便很有力地说明了这一点。引导学生注意把魏王"大吃一惊"的句子与前面对更羸的话表示怀疑的句子作比较，以理解"大吃一惊"的意思，进而体会魏王对更羸的话感到"更加奇怪"的原因。

（4）男女生分角色朗读。

（五）探究原因，受到启迪

（1）谈话：更羸没有用箭，只拉了一下弓就使大雁从天上掉下来，究竟是怎么回事呢？想不想知道原因？我们来仔细品味一下更羸的这段话。

（2）默读课文最后一段话。数一数更羸一共说了几句话，哪些讲的是他看到的，听到的，用"————"画出来；哪些讲的是他的分析和判断，用"〜〜〜〜"画出来。

（3）交流。（更羸的这段话总共有四句。第一句说的是他看到和听到的情况。看到的是"它飞得慢"，听到的是"叫的声音很悲惨"。第二句说他根据看到的和听到的进行分析：从"飞得慢"知道"它受过箭伤，伤口没有愈合，还在作痛"；从"叫得悲惨"知道"它离开同伴，孤单失群，得不到帮助"，这两个倒装的因果关系句有力地强调了"飞得慢"和"叫得悲惨"的原因。而这些原因正是更羸看见大雁飞的情形分析所得。第三四句是他进一步的分析、推理和最终得出的结论。）

（4）回扣课题，说说"惊弓之鸟"这个成语的意思以及延伸的意义。

读完课文，我们不禁要说：更羸的本事真大！那么，他的本事到底大在哪里？（联系日常生活，说说身边以及在电视、电影或者读过的故事里所知道的类似的人。）你从这个成语故事中受到什么启发？

（六）延伸拓展

课后，把这个故事讲给你的爸爸妈妈听，感兴趣的同学还可以演一演；或再找一些成语故事读一读，有机会讲给大家听。

板书设计：

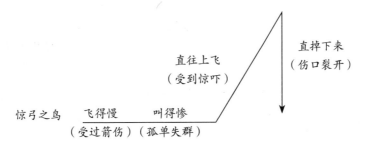

更羸：有名的射箭能手

直掉下来
（伤口裂开）

直往上飞
（受到惊吓）

惊弓之鸟　飞得慢　叫得惨
　　　　（受过箭伤）（孤单失群）

南瓜不说话

3月26日　星期三

我们以一种什么样的姿态走向成熟，走过人生，这不仅涉及生活的意义，更暗合生命的质量。

——题记

今早起床，洗漱完毕，便熬了稀饭去上早自习。连日来的干馍馍，实在难以下咽了。再加上昨日停电，中午泡面。晚上，王校长联系了学校附近的一个叫王义的六年级学生家，吃了洋芋包子和酸菜面，竟然吃坏了肚子，一晚上跑了好几趟厕所。

第二节课下课后，回房间喝了一碗粥，胃里面舒服多了。索性又抓了几把米，简单淘洗后焖到锅里以备中午食用。几本练习册还没阅完，就听见楼下挂在校门旁的钢板"当当当"地响了。哎！又停电了。中午饭又没着落了。

中午放了学，王校长叫了几个小年轻，从下面的储藏室搬了炉子，放在了二楼大办公室。我也忙不迭地到储藏室去找柴火，帮着生炉子。两位代课王老师给大伙儿做了臊子汤，下了挂面。六七个人在一起吃了大锅饭，热热闹闹的，像过节似的。

突然想起昨天看的姜晓彤《和爱一起成长》中《南瓜不说话，它只是默默成长》中的一句话：

"你只是一棵普通的蔬菜，只有虚心地接受这个事实，才能心平气和地去实现自己的梦想。从今以后，使你与众不同的不是你是谁，而是你曾做过什么……"

我在心里默默提醒自己：默默地吸收阳光，安静成长，融入这个大家庭，让大家因为我的存在而更加幸福。

自我安慰

3月27日　星期四

在这样一个偏远的小山村，远离城市的喧嚣，我以一个支教者的名义走进了这所希望小学，每天目睹着老师们的工作与生活，感受着他们的辛劳与付出。

多少次，我试图说服自己，和他们一起担负起这所小学里一个教师应该担负的工作，带上两个班试试。我又怕自己一旦承担，就像被戴上枷锁一样，一圈圈机械地运转，再也顾不上思考，再也没有时间照顾自己。那样的话，我的身体会吃不消的。

昨天王桃花老师有事去县里，我主动顶了3节课，加上自己的4节课，已是声嘶力竭，晚上连做饭的力气都没有了。于是，我悄悄地打消了带四年级数学课的念头。只好默默地工作，上好自己每天的四五节课，用心对待每一个孩子，批改好每一本作业。默默地生活，洗衣、买菜、做饭，努力经营好自己的一日三餐。

即便如此，我的体重也已经减了两公斤，好在胃病没有再犯。真是谢天谢地！

我只有先安慰自己：暂且这样，先适应这里的生活，先胜任每天的工作，再从长计议。

合班作文课

3月28日　星期五

今天作文课，我带着三年级学生到六年级教室，两个班50多个孩子一起上。

之前跟王校长沟通过，他希望我能给六年级同学上几节作文指导课。之所以把两个班的孩子放在一起是因为，一来每周五下午第二三节课他们的课表上都安排的是作文课；二来我想做个尝试，希望大孩子能在表达中给小孩子做示范引领。

孩子们很快入座，热热闹闹，显然他们还没有像今天这样两个年级挤在一起上课的经历。当我宣布这节课我们一起做个游戏时，他们窃窃私语。我随机采访了几位同学，问他们此刻心里面想些什么，他们捂着嘴笑而不答，看得出他们心里的疑惑。我继续卖关子，请了六年级画画最好的同学上台在黑板上画大耳朵图图。她怯怯地走上台，小心翼翼地画了一个大头娃娃，圆圆的脑袋，大大的耳朵，瞪着大眼睛。我抓起粉笔，夸张地添了三根头发和一张笑呵呵的大嘴巴。孩子们在底下议论纷纷，有人开始笑出声。在引导他们描述了大耳朵图图的样子以后，我揭示了游戏的名字——画鼻子。

"谁来帮大耳朵图图添上鼻子呢？"

有人跃跃欲试。

"不过，画鼻子的同学得蒙上眼睛哦！"

教室里霎时安静下来。

……

这些孩子，就是这样的内敛、腼腆。

在一番鼓励之后，活泼的王义同学自告奋勇地举起了手。我用红领巾蒙上了他的眼睛，他毫不犹豫地抓起粉笔就画，结果画在了图图的嘴角，就像长了一颗痣一样，惹得大家哈哈大笑。

游戏渐入高潮。我提醒同学们，注意观察台上同学的动作、神情。为了让三年级同学也加入游戏，我特意请了一向活泼积极的班长王有飞上台。结果，小家伙足足在台前犹豫了一分钟，迟迟不肯下笔。我建议大家给他一个提示，当然可以是虚假提示。

在大家"向左"、"向右"的提示下，王有飞越发没了主张，不知道该如何落笔，最终没有在黑板上留下一点痕迹。我笑谈，"大概是王有飞同学再也不忍心给图图脸上留下一颗痣吧。"

游戏在同学们的欢笑中继续。

第三个上台的是六年级的同学王涛—— 一个整天乐呵呵的小男孩。他迫不及待地上台，我同样用红领巾蒙上了他的眼睛，把他拉到图图面前。没想到这个孩子太机灵了，他用手扶着黑板下边沿，慢慢移到黑板的左边沿，伸出小手，开始一拃一拃地挪过来，然后又从下边沿，以同样的方向向上挪动，接着，胸有成竹地画了一个小圆圈。天哪！这个孩子太了不起了！心思竟如此缜密！鼻子不偏不倚地画到了合适的位置。我带头鼓掌，教室里响起了热烈而持久的掌声。

游戏在欢声笑语中结束。

在组织学生前后六七个人小组口头交流游戏过程之后，我进行了简单指导，包括拟定题目，可以记录这个游戏的过程，也可以是写这节作文课的别开生面。要抓住人物的动作、神态、心理活动描写，还有点面结合、详略处理等写法点拨。之后，孩子们便开始"唰唰唰"地动笔写起作文来。

我在巡视中发现，有相当一部分同学抓耳挠腮，似乎无从下笔。进而一一指导，但仍有十几个同学直到下课才起了一个头。

课后反思今天的教学，我发现了很多问题：

一是课前准备不够充分。这个游戏我在城市小学中、高年级学生间已做过多次，并成功指导学生当堂完成习作。学生们在游戏中积极参与，畅所欲言，作文内容具体生动，即使表达能力较差的同学，也能对活动流程表达清楚。可是在今天的活动中，孩子们的矜持、木讷，是我始料未及的。他们习惯了命题作文，习惯了按部就班地按照老师的提纲进行写作。对于随机采访、当场口头表达心存芥蒂，甚至畏惧。越是穿插这样的环节，他们越是紧张，根本没有完全放松地投入游戏，又怎么可能尽情地、自由地表达呢？

二是课堂生成不够灵活。因为有之前在城市里上课的那种收获，进而有了太多的期待，我总以为通过我的鼓励和赏识，就可以激发孩子们参与的热情和表达的欲望。而事实上，城乡孩子的差距是毋庸置疑的。城市里，孩子们那种课堂上表现出的活跃，那种哄堂大笑，那种前仰后合，在这里根本见不到。与其一味地期待，倒不如多一些示范，这或许对他们更为有效。

于是我告诉自己：我得慢慢适应他们，而不是让他们适应我。

玩中学，学中玩
——《画鼻子》教学设计

活动目标：

（1）通过"画鼻子"这一游戏，让学生在玩中做，在做中玩，激发学生说话写话的兴趣，减轻起步作文的难度，减少学生对作文的恐惧感，让学生喜欢作文。

（2）丰富学生的习作素材，指导学生仔细观察，并把看到的、听到的、想到的说清楚，提高学生的口语表达能力和习作能力。

（3）在游戏的过程中，培养学生的合作能力和解决困难的能力。

活动过程：

（一）谈话激趣，揭示主题

（1）导语：同学们，这节课我们一起做个游戏。

随机采访：此刻你心里想些什么？

（2）请画画最好的同学上台在黑板上画大耳朵图图，引导学生观察、说话，发现：缺了什么？

（3）揭示本次游戏名称：画鼻子。

【设计意图】充分发挥学生主体地位，以游戏做铺垫，激发学生参与表达的兴趣。

（二）课堂游戏，指导观察

（1）说规则、谈感受：现在，我想请一位同学用红领巾蒙上眼睛给图图画一个漂亮的鼻子，谁愿意上来呢？

（2）请学生上台。用红领巾蒙住学生的眼睛，问学生此时的感受。

（3）指名一个学生上来，在黑板上比画将要画的鼻子的位置、大小和形状。然后用红领巾蒙住学生的眼睛，问学生此时的感受。进一步加大难度，让他在黑板前转三个圈后，再谈谈他的感受。

（4）引导观察，明确要求：学生开始画。同学们要认真观察画鼻子同学的动作、神态，下面看的同学都有什么表现。

（5）引导说话，交流评价：参加游戏的同学是怎样走上台的？他是怎么做的？你心里是怎么想的？其他同学有什么表现？哪位同学愿意把你刚才看到的、听到的或想到的，用几句话说一说呢？这位同学说的时候，其他同学认真听一听，他是不是把话说清楚、说通顺了。

（6）指名交流，师生评价。

（7）通过画鼻子的游戏，你还感受（体会）到了什么呢？（团结合作、助人为乐、爱护眼睛、帮助残疾人、献出我们的爱心等）

【设计意图】引导学生学会观察，并把观察到的情景用语言表述出来，培养学生的语言表达能力。

（三）总结方法，动笔练写

（1）刚才，同学们玩得开心，说得舒心。下面，我想请同学们把今天游戏的情景写下来，好吗？

（2）提出要求：可以记录这个游戏的过程，也可以写这节作文课的别开生面，还可以在结尾加上自己的感受。

① 注意写清楚、写通顺。

② 要抓住人物的动作、神态、心理活动描写。

③ 注意点面结合、详略处理。

（3）学生动笔习作。

参考题目：

《这次比赛真有趣》

《一堂生动的作文课》

《我最喜爱的游戏》

《有趣的画鼻子游戏》

《画鼻子》

（4）结束语：积极参与，用心体验，生活就是这么美好，作文就是这么简单！

【设计意图】先说后写，以说促写，怎么说就怎么写，以降低写作的难度。同时激发学生表达欲望，鼓励学生与他人分享快乐；分层次要求，尊重学生的个性特点和差异，在使学生明确习作要求的基础上，自主选择，个性化表达。

补 课

3月29日　星期六

今天是周末，原想睡个懒觉，却被孩子们朗朗的读书声吵醒。打开手机，7：00。周末怎么还会有学生？难道今天照常上班？不会呀，昨天王校长一家放学后就回家了，还把办公室钥匙留给我，以便我上网。反正醒了，索性起床去看个究竟，原来是高老师在给六年级同学补课。

下课后，有几个小家伙来我办公室玩。

经询问得知，他们每个周末都会上课，上课时间不定，有时候只上半天，有时候上一天，有时候甚至双休日只休息半天。

问起上周末怎么没上课。孩子们说，上周语、数两位老师都有事。

再问："你们喜不喜欢周末补课？"他们笑而不答。王涛说，同学们有的喜欢上，有的不喜欢。

又问："周末补课收费不？"他们摇着头说："不收的。"

"老师周末不休息，义务给咱们补课，那就更应该好好学习了！"孩子们点着头，回去上课了。

晚饭时，跟高老师聊天了解到开学一个多月，他只有上周有事，没能给孩子们补课。尽管上级部门三令五申不能补课，甚至开学初还查处过补课的学校，但不补课真的做不到。孩子们的底子那么差，总有那么多漏洞要补，不补课怎么应付统考？说起平时的课时量，高老师笑着说，都习惯了。如果白天不延长孩子们的在校时间，回家后根本没人管。所以，为了提高教学质量，老师们心甘情愿地牺牲了自己的休息时间。他们总想能多一节课，多一分耕耘，多一分收获。

毋庸置疑，老师们的敬业精神是值得称道的，但对学校的现状却不能不叫人担忧。

礼 物

3月30日　星期日

晚上出去散步，见几个孩子正在河滩上玩耍，便驻足观望。"曾老师！"突然听到有人叫。我循声望去，见路边一栋新建的二层楼窗户里，一个小男孩正咧开嘴笑。定睛一看，是六年级的王涛。我笑着跟他招招手，他殷勤地招呼我上他家坐坐。我摆摆手说，以后吧，有机会再去。

正欲离开时，小家伙又叫："曾老师，等一等！"

一会儿，小家伙和他奶奶走下楼来，硬塞给我一塑料袋洋芋，说也不是什么好东西。推辞不过，我只好接过袋子，沉甸甸的。

这是一份多么淳朴而厚重的情意啊！

今天，我还收到了女儿发来的E-mail，是写给关坝小朋友的，字里行间流露着真诚与友爱。晚上转给王校长看，王校长连连称赞，还打印了一份说要明天读给同学们听。

附女儿的信：

给关坝小朋友的一封信

亲爱的关坝的小朋友：

你们好！虽然我们互不相识，但等这封信来到你们手里，你们就会认识我，一个生活在省会兰州的十岁小女孩。

先自我介绍一下，我叫曾文睿，生活在兰州市，它是一座美丽的城市，黄河穿城而过。市区依山傍水，山静水动，形成了独特而美丽的城市景观。你们有机会来兰州，我一定带你们去五泉山看动物，去白塔山俯瞰黄河风情，去西部欢乐园尽情游玩……

我的爱好广泛，喜欢拉手风琴、读书、写作……我的缺点也不少，等咱们成了朋友，我再慢慢介绍自己。

哈哈，我还是忍不住透露一下吧！今年，我爸爸就在你们学校支教。

爸爸说，老师们都很淳朴，待人热情，忘我工作，每天要上五六节课，甚至更多。同学们条件艰苦，衣着单薄，有些同学上学要走一个多小时的山路。我在想，这要是遇到大风大雪，那你们上学不就更艰辛了吗？

今天，老师还给我们在网上搜集了很多山区学校的照片。你们没有好的教室、课桌，没有暖和的帽子，小脸蛋冻得通红，有的小朋友手上还生了冻疮……看到这些，我忍不住流泪了。我还看见有些学校的墙上写着醒目的大字："好好学习，走出大山。"这一切都震撼着我。你们在那种环境下对知识的渴望，真令人感动！

听爸爸说，有些同学缺少文具，写字用中性笔芯。铅笔用到捏在手里都握不住了，你们还接着用。如果是我们，早就扔掉换成新的铅笔了。与你们相比，我们真是太奢侈了！

我们班准备开展一次"手拉手"活动，我们会给你们准备一些学习用品和生活用品，希望能帮助你们。虽然我们的帮助只是杯水车薪，但也表达了我们的一点心意。虽然我们没有见过面，但我们愿把一颗真诚的渴望友谊的心献给你们。我期待你们的回信。

祝：

学习进步，健康快乐！

兰州师范附属小学五年级二班　曾文睿

2014年3月30日

作文批改

3月31日　星期一

下午，上完第二节课，我便埋头批改起六年级学生的作文来。一篇篇习作完全出乎我的意料，与那天课堂上的表现真是判若两人。是我误会了他们！尽管课堂上他们表现的内敛、腼腆、矜持，甚至木讷，但他们同样有一颗活泼、天真、乐观、积极的心。他们内心波澜壮阔，只是不善于表现自我、不善于口头表达罢了。

每一篇习作都是那么用心地完成，都是他们内心情感的自然流露。大部分习作超过两页，有少部分习作达到三四页。他们静静地关注着课堂，默默地参与着活动，仔细地观察着同学，悄悄地聆听着老师的每一句话，紧紧地抓住活动中人物的动作、神态、语言和心理活动，注意做到点面结合，活动内容叙述清楚、具体，真实地再现了游戏的过程，尽情地表达了他们的情感体验。尤其难得的是，部分同学还从画鼻子的游戏中悟出了道理，如看事容易、做事难；只有敢于去面对，才会知对错；只有敢于去尝试，才知真假；做事要善于观察，勤于动脑；急于求成，反而什么事情都做不好……有个别同学流露出对作文课的喜欢，感受到生活化作文的"有滋有味"。还有一些同学真切地走进了游戏，以"完美无缺的图片笑眯眯地看着我们"结束了作文，这在我之前的课堂上是从来没有过的。而这一点，不正是这些乡村孩子纯真善良的心灵物语吗？我越发喜欢这些孩子了。

就在我沉浸在孩子们的作文当中的两节课里，全校师生搞起了一次"小手拉大手，联手进村社"卫生清扫、垃圾处理活动。说来真是惭愧，对于这次活动，我竟然一点儿也不知晓。

放学铃声响起时，我出门提水，见到师生们正纷纷走进校门。经过询问才知道，活动是紧急安排的，说是明天将有市里领导来村上视察工作。

紧接着，王校长和几位男教师带着六年级男同学开始填补操场上坑坑洼洼的地方，我也赶紧加入了劳动。好在学校之前建食堂还堆放着大堆的细沙，六年级孩子们用手推车推沙，老师们用铁锹铺平，还有一些孩子拿着簸箕来回运沙。大家干得热火朝天。

40多分钟后，操场上的坑坑洼洼已经基本填平。王校长一声招呼，学前班的小朋友们便开始在刚才填沙的地方蹦蹦跳跳了。几分钟的工夫，孩子们的小脚丫，已将填沙的地方踩踏得平平整整。真是"人心齐，泰山移"啊！

放学，整好路队，王校长对今天的活动做了总结，还要求孩子们回家后搞好个人卫生，并动员家长把门前院后清扫干净、处理垃圾等。

至此已是下午5：40，活动结束。

四月

「你们瞧，上面爬满了鲜嫩的芽，星星点点透着生机，它会一直就这么开放，永远不会凋谢。」

桃花雨

4月1日　星期二

今天，没有领导视察，王校长上次说的局领导来学校评估也没了下文，日子过得恬静而淡然。

吃过晚饭，出校门散步，又碰到了那几个小家伙。他们一见到我，就热情地迎上来叫着"曾老师"，然后又引我去河沟对面山坡上看桃花。

山上的树木很多，但桃树不多。满树粉红的桃花，小的妩媚，大的娇艳，散发出浓郁的香味。我惊诧于自己的发现，在城市里我是见过桃树的，但香味远不如这儿芳香。

两个稍大一些的孩子使劲摇晃着树干，粉色的花瓣如花蝴蝶一样翩翩飞舞。落花如雨，飘飘洒洒。我心里感叹：好一阵桃花雨！孩子们跳跃着在树下伸开双臂，用小手去接花瓣，然后把接到的花瓣放进嘴里。他们说，很香的，老师不信你可以尝尝。

孩子们红红的脸蛋，满树满地的桃花，这情景真是美极了！"人面桃花相映红"，描绘的不就是这番景致吗？

七仙女

4月2日　星期三

晚饭后，出门散步，一出校门就看到一群小朋友在河滩上玩耍。一看见我，他们就叽叽喳喳地飞奔而来，"曾老师、曾老师"地叫个不停。大的不过十一二岁，小的两三岁的样子，脸颊都红扑扑的。

我问大一些的孩子："作业写完了吗？"

大孩子急忙把一只手拢到嘴边，低声说："还没呢！"

"奶奶说她是疯丫头。"一个四五岁的小女孩指着她说。

"嘻嘻嘻，疯丫头！"又有一个三四岁的小小孩跟着说。

我问那个四五岁的小女孩："她是你姐姐吗？"

"嗯，她是我五姐，她是我妹妹，他是我弟弟。"小孩边说边指着站在她身边的小朋友。

"你们是亲姊妹吗？"

一句话把她们问乐了，她们边笑着，边互相指着，告诉我谁是二姐，谁是三姐……

"我大姐上初一了！"其中一个孩子说。

"你们家姊妹七个？"我吃惊地问。

"我们是七仙女。"四五岁的那个小女孩笑着说。

孩子们都笑了，看来她们很喜欢这个称谓。

"他是我们的小弟弟。"一个孩子指着面前两三岁的男孩说。

"那你们就是八仙了？"我着实惊讶。

"哈哈哈，八仙！"孩子们欢笑起来。

"招弟，把弟弟妹妹叫上吃饭啦！"远处一位老奶奶站在门口叫。

孩子们嘻嘻哈哈地一窝蜂似的跑走了。

看着他们大大小小远去的背影，我心里却沉重起来。计划生育是我们国家

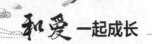
的基本国策，提出已经有几十年的时间了，怎么到现在还会有一个家庭七八个孩子的问题。真是让人匪夷所思！越是落后越是超生，越生孩子越是贫穷。计划生育政策，何时才能走进这贫困边远山区呢？

远处院墙上红色的大字标语"倡导婚育新风，促进生育文明"在夕阳下是那样刺眼。

桃花朵朵开

4月3日　星期四

晚上正在灯下看书，窗外有几个孩子叽叽喳喳，一定是六年级的那几个孩子又来借书看吧。我佯装没听到，继续写作，想逗逗他们。

"报告！"终于有人打报告了。

没等我说"进来"，几个小鬼已经嘻嘻哈哈地挤进门来。

"曾老师，送给你。"一个孩子从身后拿出几枝桃花递过来。

桃花一串串，一簇簇，粉嘟嘟，笑盈盈，蓬蓬勃勃，灿若云霞，一如几个孩子红扑扑的脸颊。

"曾老师，你把它插到瓶子里，再倒上水，能活十几天呢！"另一个孩子一本正经地说。

"不止吧，你们瞧，上面爬满了鲜嫩的芽，星星点点透着生机，它会一直就这么开放，永远不会凋谢。"

"不会吧？"几个孩子瞪大了眼睛。

"会的，因为它永远开在我的心里。"

几个孩子笑了，就像面前这几枝桃花一样。

领 羊

4月5日　星期六

"领羊"是老家祭祀祖先的一种方式，也是各种祭祀活动中最具有神秘色彩的一种仪式。清明上坟，按照我们家族惯例，全族五六十号男丁要齐聚一堂，举行隆重的领羊仪式。

我们家族都是一个太爷爷的子孙后代，尚不出五代，我们叫五服。太爷爷有二子，大爷爷和我爷爷。大爷爷生有七子，七子又育有十四子；我爷爷有五子，五子育有十子。单说我们兄弟24人，大的已年过花甲，小的二十出头。我的小辈，最大的与我同龄，他的孩子已经上高中；最小的一个，刚满百天。隆重地举行领羊仪式，是从大爷爷的长子、我的大大开始的。父辈十二个人轮流坐庄，然后是我们这一辈接上，至今已26年，从不曾间断。庄家严格按照家族男丁长幼排序。很多年前，还是毛头小伙子的时候，我曾大致算过，轮到我时我该四十出头了，不曾想日子过得真的很快，今年轮到了我。

每年清明要领羊，是我们家雷打不动的规矩。我亲眼见过这些年领羊的过程，但对于领羊的程序却依旧不是很熟悉。九爹在一旁一字一句、一板一眼地指导，我正正经经、恭恭敬敬地操作。在正屋方桌前，在早已摆好的供品前，我先点燃了蜡烛，放在桌前，再点燃三炷香，三鞠躬后依次插入香炉。母亲在旁小声提醒，须用左手。奈何左手感觉总不得力，索性双手齐上，好容易插入香炉，赶紧退后、磕头。九爹在旁念叨，大概是给先祖禀明，今年轮到我坐庄主持领羊仪式。做完这些，九爹命我端一碗冷水跟他出屋，几十号男丁已跪在院里周围，中间便是早就备好的大羯羊。我哥过来帮忙，抓了羊，九爹用手熟练地分开羊背的毛，我跟着他的手，往羊背处慢慢倒水，然后往羊的四肢淋水，最后就是往羊耳朵里灌水。一碗水用完了，我们几个退后、跪倒。大伙儿眼睛盯着羊，羊环顾着院里的人，此刻它俨然就是阴阳两界的神物。有老者说，领吧，儿孙们能来的都来了，没来的是实在来不了的。于是，有人附和着，是啊，是啊，领吧，领吧！羊静静地望着大家，看着跪倒在院里的老小，轻轻走几步，突然一个冷战，摇动脑袋、浑身抖动，抖落了身上的水。院里人欢呼着，领了，领了。然后便是磕头，纷纷称赞着我的羊领得好，干脆、利落。

那一刻，我真的有些激动，很是感激那只羯羊。我虔诚地以为，我的荣辱全由面前的羊决定。我曾亲眼见过，领羊仪式时有羊不曾领，不管你往它的身上、耳朵里灌多少水，不论仪式主事人说些什么、做些什么，它就是不肯抖动身子。老人们说，那是先人不肯领后人的情。

现在，那只大羯羊已经在族人的欢呼声中被拉向院外。我，今年领羊仪式的庄家，顺利、圆满地完成了这一光荣而艰巨的任务。

那么，我的羊领得这么利索，与我今年支教有没有关系呢？

清明节后的返校

清明放假，王校长多准了一天假，我提前一天回家，除了往返两天在路上，一天回老家上坟，只在家休息了一天。

几天假期，忙忙碌碌，转瞬即逝。今天一大早就起床，还未洗漱，父母就已经到家了。父亲卤的肘子，母亲烙的饼子，姐姐拿来的芝麻糊，妻子买的核桃粉、燕麦片、豆奶粉、膜片、麻花，还有岳母买的水果，女儿买的饼干，林林总总，很快便塞满了一个拉杆箱，还挤了几包带给这边老师的茶叶。母亲听说西和比兰州冷，硬是在一个大提袋里塞了一床棉被。

吃完早餐，带着亲人的爱心包裹，我匆匆忙忙赶往汽车东站。年近古稀的父亲非要送我到东站，女儿也嚷嚷着要送我到车站，妻子却坚持送她去英语学校上辅导课，她泪涟涟地背着书包出门了。等我们到东站时，妻子早已经送完孩子站在进站口等候了。

我的亲人啊，放心吧！支教这边虽是僻壤却有最淳朴的民风，有最淳厚的老师，有最纯真的学生。

车行途中掏出手机，这才看到王校长早上7：30就发来的信息："早上好！今天返校。"

好细心的人啊！不露声色地提醒，唯恐我忘了返校。于是当即回复了短信："雍哥，我不来了。"

很快，短信回复："怎么不来了？"

看来，老大哥当真了。遂作回复："呵呵，逗你呢，早上9：00的车，下午4：00左右到。"

"你把我吓得，你来了我让你好看。"

看着几条短信，我眼前清晰地浮现出他的音容笑貌，不由回想起3月15日刚到洛峪镇时他带我到一个超市里买米的情景。

"买个大袋吧。"他建议说，"一年的时间长着呢！"

"还是买个小的吧，万一条件不好我就走了。"我随口说。

只见他瞪大了眼睛望着我，半晌不知说什么。其实我只是随口一说，开个玩笑而已。我哪会这么任性，没想到他当真了。

真是一个憨厚的大哥！

下午3：40收到了王校长的又一条短信："你在哪儿？和娟云联系了吗？"

心里一阵温暖，真是温情大哥！

他说的娟云是他的外甥，跑客运小面包，从村里到县城。上次到西和就是他开车接我的。

收到短信时，我刚和娟云碰在一起。娟云说，他已经等了我快一个小时了。心里很是感动，连声道谢，提出请娟云吃饭。他领我到县城一家杠子面店，说那是县城里做面最好吃的店。

店铺不大，看着挺干净的，分里外两间，中间是玻璃隔挡。案板靠着墙，是斜着的，里边低外边高。墙中间有个洞，洞里插着一根粗杠子。娟云说，杠子面就是用那根粗杠子压的，人骑在杠子头上。我对此很好奇，真想看个究竟。只可惜，今天的面已经压好了。

说话间，两碗杠子面端到了面前。面条上夹了一筷子韭菜，舀了一勺辣椒油。搅拌，尝一口，面很筋道，比上次在镇上吃得更好吃一些。

吃过饭，4点过了。车上包括我坐了四名乘客。娟云开车在街道上来回穿梭拉客。车上陆续又上来两位。娟云又去给他的菜铺子里添了一些蔬果，还去别的地方买了好多塑料膜，又给汽车加油，一路上走走停停，车上人上上下下，走到喜集时车里塞满了人。一辆七座面包车，竟塞了11个大人。

到关坝，已是7：20。车子刚停，王校长两口子就站到楼上热情地跟我打招呼，高老师跑出校门来接我。

这儿的人就是这样实诚，就是这样一点儿、一点儿地将我融化。

不一样的孩子

4月8日　星期二

早上一睁眼，就听到孩子们朗朗的读书声。我赶紧起床，洗漱完毕，不到7：10，就往教室走去。几天没有见到这些小家伙了，还真有些想他们了。

推开门，走进教室，孩子们像往常一样，三五成群坐在一起大声地诵读着课文。见到我进来，孩子脸上露出欣喜之情，继而很快便投入诵读，声音更加洪亮，神情更加专注。

望着他们，不由想起我城市里的那些孩子。有一次我去北京学习回来，一走进教室，孩子们蜂拥而至，簇拥在我的身边问长问短。有些孩子拉着我的手，有的抱着我的胳膊，他们尽情地、毫不掩饰地表达着他们内心的喜悦。

这就是农村孩子们，他们总是这样内敛、腼腆、矜持。

这就是城乡孩子的差别，但他们一样可爱。

下午做语文练习册中的第三单元综合练习，原本想作为测试卷做一次测试。孩子们却抓耳挠腮，手足无措。十多分钟过去了，除了个别同学开始进入第三题练习，大部分学生仍趴在第二题"比一比，再组词"这道题上。细看，他们写在上面的字词真是不看不知道，一看吓一跳：

狼（恶狼狼）　　　　猎（肥猎）

狼（狼多）　　　　　惜（真惜）

这时候，有一个学生举手了。我走近她，她指着第一题"给加点的字选择正确的读音"中第三个词语"更赢（gèng gēng）"怯怯地说："出错啦。"问她哪错了，她翻开书说："这儿！"顺着她的指头看去，书上是"更赢（léi）"。

真是个可爱又可怜的孩子！原来她打开书一一对照，只做了两个小题。第三个词语，因为生字注音不同，她想着题目出错了。而举起手向我寻求帮助前，她的内心一定经历了很大的波折，甚至是激烈的斗争。我悄悄地告诉她，练习册上加点的字是前一个字，书上注音是给第二个的。她恍然大悟，小脸更红了。

"没关系，你告诉我这两个字读什么？"她默不作声。

"你还记得不，《惊弓之鸟》这一课的主人公叫什么名字？"她耷拉下脑袋，眼睛盯着练习册再也不肯说话了。

轮到我无语了。我来回巡视，看着他们空白的练习题，我的脑袋也开始空白了。第三个单元是我接手之后一课一课慢慢地学过去的。

突然间，我有种黔驴技穷的感觉。

检 阅

今天，学习第十四课《检阅》。

课文中洋溢着浓浓的现代意识和人文关怀，要自尊自强，要尊重每一个个体的平等权利，体会关键语句"这个小伙子真棒！"、"这些小伙子真棒！"的深层含义是学习本课的难点。

在引导学生感受文中两个场景：儿童队员准备参加国庆检阅，商量怎么解决一件"棘手的事"和国庆节那天儿童队员们参加检阅的情景，帮助学生理解了课文内容。在阅读中体会人物心理的变化之后，我将问题抛给了孩子们：

"这个小伙子真棒！"中这个小伙子指的是谁？他棒在哪里？

"这些小伙子真棒！"他们又棒在哪里？

为了引导学生深入思考、认真咀嚼，升华对课文主题的理解，我创设了一个个情境：

"拄拐的博莱克左腿截肢了，他走起路来该是怎样的情景？"

"为了与全队保持一致，

清晨，天刚刚亮，当大家还在熟睡当中，博莱克＿＿＿＿＿＿＿＿＿＿

正午，太阳高照，当大家还在午休当中，博莱克＿＿＿＿＿＿＿＿＿＿

夜晚，暮色降临，当大家已经沉沉入睡，博莱克＿＿＿＿＿＿＿＿＿＿

有一天，正在儿童队员们训练时，博莱克摔倒了，队员们＿＿＿＿＿＿

＿＿＿＿＿＿＿＿＿＿＿＿＿＿＿＿＿＿＿＿＿＿＿＿＿＿＿＿＿＿＿＿＿"

孩子们在一个个情境体验当中，开始活跃起来，"坚强"、"勇敢"、"有爱心"等词语蹦出来。我随即引导，适时完善了板书。

红色的爱心图画激起了学生心中更大的涟漪，课文难点突破水到渠成，但我的教学还是意犹未尽，我要让博莱克身上闪现的自尊、自信、自强以及课文中所蕴含的人人平等、相互尊重的意识植根于学生心田，于是，我趁热打铁，引导学生进行了读写训练：

板书图

"你想对博莱克说点什么？"

"你想对这些儿童队员说点什么？"

"把你最想说的话写下来。"

在孩子们由说到写、由阅读到实践的过程当中，课堂逐渐沉静下来。

"孩子们，你认为这是一个怎样的队伍？"

他们异口同声地回答："团结友爱的队伍。"

"那你想不想生活在这样一个集体当中？"

"想！"声音更加洪亮了。

"在我们的班级大家庭里，有22名同学，我们有些同学学习已经落下来了，学习非常吃力，已经跟不上我们的队伍了。我们该怎么办？这些同学又该怎么做，才能像博莱克一样同全队保持一致呢？"

"与博莱克相比，我们缺少了什么呢？"

"与这个儿童队相比，我们的班集体又缺少了什么呢？"

课堂静静的，孩子们的眼睛亮起来了。我想：此时此刻，尽管他们沉默不语，但他们的心里一定正波澜起伏。

牵着蜗牛散步

4月10日　星期四

下午放学时仍有8个同学背诵没有过关。早自习的时候，我逐个检查了第十三课的背诵情况，有11个同学背的不熟或者干脆不会背。于是我强调利用课余时间抓紧背诵，放学前必须背会，否则留下来别回家。只有3个孩子赶在放学前找我背诵。看着这8个孩子，我真是无奈！后悔早上我讲过的话，总不能只是说说罢了。于是，我留下了这8个孩子，但心里又不踏实。万一孩子留下来，离校迟，安全出问题怎么办？尽管我不止一次地看到老师们放学后留学生的现象，但我还是担心。走出教室，想看看楼下孩子们站队的情形，王校长正好走过来。跟他说了我的顾虑，他走进教室吼了几声孩子们，孩子们便低下头开始背书了。他转身笑着对我说："没事，留下来让他们背完了，就让他们和六年级的孩子一起回。"我心里这才安稳一些，要不，让小小年纪的他们独自回家，还真不能放心。尤其是雍家沟的孩子们，得走那么远的山路。

五六分钟后，有学生没头没脑地问："背哪哒儿？"追问了好几遍才弄明白，他的意思是："背课文哪几段？"

天哪！他竟然连背什么都没弄明白。这还是在我昨天花了一个早读指导背诵四到七自然段、昨晚要求背诵八到十自然段内容的情况下。

半个小时以后，他们咿咿呀呀读得个热火朝天。巡视抽查，发现他们竟然连第四段都背不下来。当即打断："从第四到第十自然段中，选择自己最喜欢的一个自然段背下来。背会的找我来检查。"

我起身站在教室外，我得让自己焦躁的情绪平复下来。

站在平台上，无聊地看着校外，喜集九年制学校的一群学生正在桥头训练，听说他们是准备参加学校的运动会。一会儿，十来个学生纷纷跑下河滩，坐到小河边脱去了鞋袜开始泡脚，就像泡温泉一样。西集学区离这儿三公里远。他们一路跑上来，在桥头压腿、高踢腿、百米训练等。这么高强度的训练以后，孩子们竟然把脚泡到冰凉的河水里，这怎么受得了呢？何况下午就变天了，天气这么冷。

就在这时，袁旭鹏拿着书走出教室，告诉我他背会了。支支吾吾了半天，原来他选择了最后一个自然段。这一段只有一句话，他还背得结结巴巴。

行吧，他总算是8个孩子中第一个来背诵的。我让他回家后再背诵一个自然段，他点着头收拾了书包去操场玩。接下来陆续有同学来背了，有人背诵了第四自然段——昨天早自习我们反复背诵的一段，有人背诵了课后的四句珍惜时间的格言，也有人同样选择了最后一个自然段。

直到5：40，六年级学生放学了，教室里还坐着3个孩子：雍婷婷、雍文波、王丹丹。他们用一个多小时的时间，没有背会一个自然段。早自习的听写中，第十三课20个词语，雍婷婷、王丹丹她俩一个词语都没写上。雍文波，算是写对了两个半。

唉，还是赶紧让孩子们跟着六年级同学回家吧！

教育孩子，就像牵着一只蜗牛在散步。放缓脚步吧！别让孩子成为一只流泪的蜗牛。

单元测试

利用今天下午两节课，我对第三单元做了一次测试。尽管在近一个月的时间里，我感觉已经对孩子们的学习情况有了基本的了解，但测试还是足够让人心惊胆战。全班22名同学，5名同学没有买测试卷，1名同学请假，参加考试的是16名同学。原本想连卷面上作文一起完成的，但看到孩子们蜗牛一般的答题速度，毅然去掉了作文。

花费了将近一个小时的时间完成了卷面。阅卷结束，80分的卷面分，最高分75.5分，最低分7分。

成绩汇总表

序号	1	2	3	4	5	6	7	8
成绩	75.5	75	73.5	71.5	62.5	62	60.5	60
序号	9	10	11	12	13	14	15	16
成绩	58.5	46.5	44.5	33	18.5	18.5	13	7

按总分100分计，80分以上优秀，60分算及格，那么总分80分，64分以上优秀，48分算及格。本次测试优秀率25%，及格率56.3%。这样的成绩着实叫人心慌！

分析本次测试卷，试题还是侧重于基础知识考核，涵盖题型：

（1）给加点字选择正确读音（6分）

（2）看拼音写词语（6分）

（3）给字加偏旁换新字并组词（9分）

（4）补全词语（15分）

（5）照样子写词语，有AABB式、ABB式重叠词等（9分）

（6）给字选择正确解释（7分）

（7）选词填空（果然、得意、突然、竟然、满意）（5分）

（8）按要求写句子（反问句变陈述句，改比喻句，拟人句，修改病句，关联词造句）（5分）

（9）阅读天地（课内阅读7分，课外阅读11分）

（10）作文（题目：我最喜欢的寓言故事）（20分）

反复翻阅着16份试卷，孩子们的其他知识漏洞暂且不提，对本单元新知识掌握仍存在不少问题。诸如：课堂上强调的多音字"羊圈"，仍有两名同学选择"quan"，这两名同学在该题（6分）得分分别为1和2，估计选对的题也是靠猜测。对汉语拼音几乎没有概念；有部分同学在轻声音节"骆驼"、"盘缠"上出错；看拼音写词语仅有7名同学全对，有3名同学得零分，其余得分在3分左右；剩余词语全是本单元出现的四字词语，分值15分。原本是挣分的题，但全填对的，仅3名同学。失分6分以上，8名同学，1名同学此题空白，3名同学仅得2分。

自以为找准了努力方向，狠抓识字教学，但面对这次测试，我有些束手无策。

面对他们，我真的不知道自己是否该坚持我的那句教育格言：

"静待花开，让每一朵花儿都绽放。"

周六辅导课

4月12日　星期六

早上起床，六年级教室已传来琅琅读书声。洗漱时，王校长说早上要去学区开会。原以为是他要去开会，没想到所有正式老师都得去。问起会议内容，说是学习党的群众路线。再问，那六年级学生怎么办？他说上两节课就放学。或许是我的政治觉悟不高吧，我跟他说："要不我就不去了，我给孩子们补课吧。"他略一思忖便答应了。说实话，来到这儿最惬意的事情之一，便是没了那么多的会议、活动、培训、检查，有的只是埋头苦干，尽情耕耘，没有任何干扰。

辅导课上，我对上次的作文做了简短点评。因为批改比较细致，除了内容之外，大多还附上了几句鼓励的话语，孩子们很是喜欢，气氛比上次指导作文时更显轻松。有同学问起作文上那些圈圈点点的符号是什么意思，我这才发现他们之前的作文很少这样修改，于是便把常见的修改符号给他们讲了讲，然后让他们对照自己的作文，熟悉这些符号的运用。剩下的时间，订正了第十三课《智能训练》习题，逐题讲解。一课练习未完，已经放学了。拖堂几分钟讲完了阅读题，心想，他们可以自己组织语言答题。课堂巡视中发现竟有不少孩子仍无处着笔，有的组织语言困难，有的答题时出现字词障碍，有的甚至一页练习大部分是一片空白。

真的很为这些孩子担心！

周末闲游

4月13日　星期日

今天早起去登山。

昨夜一场雨，空气格外清新，散发着泥土的清香。山中云雾弥漫，树木更显苍翠，山色一片新绿。冬麦快一尺高了，葱葱茏茏。油菜花开了，黄澄澄的。一块块，一畦畦，高高低低，一条绿，一条黄，相互交错。偶尔见到几棵桃树，粉红的花瓣在大山中更显妩媚。

太阳慢慢探出头来，云雾渐渐散去，露珠在叶片上闪着晶莹的亮光。回头看山下，公路像一条带子，蜿蜒着向前延伸。公路两侧的田地里，人们正忙着铺塑料薄膜，准备种玉米。一条条塑料薄膜整齐地排列在黝黑的土地上，黑白相间，分外显眼。村落错落排放，这儿几家，那儿几户。远处的教学楼，在这些平房当中犹如鹤立鸡群。

忽而想起小学课本里《哪座房子最漂亮》：

"一座房，两座房，白白的墙，大大的窗。

哪座房子最漂亮？要数咱们的小学堂。"

空旷的山谷，静谧的村庄，潺潺流水，啾啾鸟鸣。

这一刻，唯我独享。

下午，在六年级学生袁育龙、袁旭超的带领下，我们去了一趟峡口。出校门沿公路往上走，大概20多分钟的路程，峰回路转，就到了他们的村子袁坝。盘山公路越来越高，袁坝尽收眼底。袁坝比关坝小一些，全村四五十户人家，住得比较集中，房屋布局比较散乱，谁家想怎么盖就怎么盖，张三家的大门对着李四的后院，似乎完全由着自己的性子盖房。村子四面环山，宛若峡谷当中的褴褛。村舍错落，阡陌纵横，树木掩映，偶尔鸡鸣狗吠，使村子更显静谧，让人总有步入世外桃源之感，不忍大声喧哗，仿佛会惊扰了村子的安宁。

　　继续往前走，两侧山峰靠拢过来，就像连在了一起。更叫人惊叹的是，一侧山峦，梯田葱茏，山色青翠；另一侧竟突然间变成了石山，山势也变得陡峭起来，危峰兀立，怪石嶙峋，好像一不小心就会栽倒下来。抬头仰望，石缝间树木横长，杂草丛生，使光秃秃的山峰有了几分绿意，不再那么单调。

　　再往前走，这儿的天空比别处的天空似乎更显得阴暗一些。两侧都变成了石山，向公路挤压过来。孩子们说，这里便是峡口。风从峡口灌进来，让人顿觉凉飕飕的。

　　穿过峡口，回头已看不见村子，只见群山绵延。山谷里静极了，只听见溪流汩汩地流淌。孩子们告诉我，溪水是从远处的山缝里涌出的泉水，村里人饮用的就是这泉水。这泉水一年四季永不停歇，是从源头接的管子引到村里。至于源头在哪儿，他们也不知道。

　　坐在溪边的大石头上歇息，不足一刻钟，太阳突然没了踪影，天空一下子阴暗下来。要下雨了！起身往回走，雨点伴着风飘来，起初还是星星点点，不一会儿雨点大起来了。赶紧下公路，跑到袁育龙家避雨。雷声隆隆，暴雨倾泻而下，真让人怀疑这竟是春天。

　　站在屋檐下避雨时，电话响起，是王校长打来的，询问我在何处。原来是学校里高老师见我还没回校，怕我在山里淋了雨，又不知道我的电话号码便打给了王校长。

　　深居僻壤，常被人这样关心着，温暖着，感动着。

　　一会儿的工夫，袁育龙奶奶已经端上了热腾腾的鸡蛋面，嘘寒问暖，让我恍若回到了家一样。

　　一顿饭还没吃完，雨停了，艳阳高照，照在院里，也照在我的心里。

都习惯了

4月14日　星期一

今日得暇，补充记录昨天在袁育龙家听到的情况。

袁育龙的哥哥在喜集九年制学校上九年级，上学来回徒步，需四五十分钟。问他为什么不骑车，他说车胎破了，还没有修理。想到那天从关坝走到喜集，感觉路途真有些远，真是辛苦！

孩子笑笑说："没事，都习惯了。大部分同学都是这样来回走的。比起住在山沟里的人算是比较近的了。"

看着眼前十五六岁的少年如此懂事，心里好一阵感慨！更叫人惊诧的是，住校的孩子们都是自己做饭吃的。

"你们这么小就会自己做饭？"我很惊讶。

孩子笑了，说："老师，这不算什么，我们学校里有些离家远的小学生都会自己做饭呢！"

"小学生？"我真不敢相信自己的耳朵。

"是的，小学生也有住校的，他们当然得自己做饭了。"

"那你们都做些什么呢？"我追问着。

"大多时候下挂面，有时候我也做刀削面。"

"有菜吗？"

孩子又笑了，露出一排洁白的牙齿："基本上是从家里带的酸菜，再就是洋芋，现在地里面油菜快长大了，就能吃油菜了。"

"那早上呢？早餐吃什么？"

"学校里发的，和关坝小学一样的。"

"一根火腿肠，一块小面包，一小盒牛奶，能吃饱吗？"

"都习惯了。"

……

是啊，习惯已成自然。

把关老师

4月15日　星期二

今天上午，王校长回家给村里人帮忙盖房，说是房屋起大梁，乡里乡亲，大家都是这样互相帮忙的。

我打小在农村长大，这样的乡俗自然是知道的。我主动帮他顶了两节课，一节课是语文，引导学生复习古诗；一节课是品德，王校长让我给孩子们测试了第一单元。

古诗复习，发现但凡是背诵的内容，孩子们掌握得还是不错的。只是要默写时，存在的问题就多一些，特别是错别字比较多。品德测试卷是开学初早就买好的。测试中我才发现，卷面中涉及的问题还真广泛，陆地、海洋、人种、文明古国等均有涉及。再看孩子们的答题情况，大部分同学掌握得很不错。以前听王校长说过，毕业班除了语、数水平测试外，还要考查科学和品德这两门综合课程。看来王校长在这些课程上没少下功夫。

下午第三节课时王校长匆匆赶了回来，说是要给孩子们上辅导课，不敢耽搁了。

看着他一双沾满泥土的鞋子，忽而想起他自家建了三四年的房子，心里不禁感慨万分：一校之长，既要负责一个学校总体的工作，还要作为毕业班把关老师，负责语文、科学、品德三门课程的教学，这得承受多大的压力、花费多少心血和精力！

作业积分制

4月16日　星期三

今天早读听写了第十五课的词语，同学们有了很大进步，有好几个同学得了满分，连雍江龙、王丽霞两名同学也在内。我给他们听写本封面上都画了一朵小红花。看着他们捧着作业本，小脸笑成了花，我心里很是欣慰。

反思一下，或许有两方面原因：

其一，昨天晚上的家庭作业，只留了生字词的抄写，并特意强调今天早上会有听写。

其二，前两天就已经告诉了孩子们，作业实行积分制。抄写生字和做练习只要做得好，包括书写工整、正确率高，都可以得一朵小红花，每十朵小红花可以兑换奖品一份；听写时得满分一次就可以得一朵小红花，每五朵小红花可以兑换一份奖品；作文书写漂亮，表达清楚，得90分以上，就可以得到一面小红旗，三面小红旗可以兑换一份奖品。看来奖品对他们还是很有诱惑力的。

如何让这些小家伙保持兴趣，积极主动地学习，我还要动动脑筋。

我的音乐课

4月17日　星期四

今天有一节音乐课。

走进教室，有的孩子还在做上节课的数学作业，有的则懒洋洋地趴在桌子上。看着他们无精打采的样子，心里想孩子们整天学习，音体美这些课程统统被语、数课代替，一定厌倦了。于是提议："这节课我们来唱歌吧！"孩子们一下子有了精神，脸上有了笑容，眼睛都亮了。

"唱什么呢？"我问。

"《蜗牛与黄鹂鸟》《快乐的节日》……"孩子们七嘴八舌地说着。

"谁来唱呢？"

"王璐璐！王丹丹！"孩子们几乎是异口同声。

两名同学走上讲台唱了上次课堂上唱的《小燕子》，之后再也没有人肯站起来唱了。

"那我们就一起来唱吧！"

叫班长起头，唱了两三首，每首歌唱到后面就乱了，有些记不清歌词了，有的跑调了，于是我想教孩子们一首歌曲！

问起音乐书，孩子们指着后面的书架说，都在上面，没发。

只见教室后面三四个书架摆满了图书，有课外读物，也有不少语数音美等课本，上面落满了灰尘。对于书架里的书，孩子们从来不碰。不知道是老师管束得紧还是他们没有阅读的习惯，我宁愿相信是后者。他们知道书架下面几个箩筐是领早餐用的，摆在教室一角的笤帚是扫地用的，但对于那么多图书，他们恐怕没有兴趣。我办公室是图书资料室，里面有五六个书柜，里面摆满了文学、科学等各类图书。一个月以来，只有六年级的极个别同学来办公室借阅过图书，而且几乎是一阵风，今天借明天还，我很怀疑他们没有认真阅读。问起以前有没有借阅过图书，孩子们笑一笑，然后摇摇头。

　　想到这儿，我从书架里顺手抽了一本，看到自己熟悉的《小螺号》，问孩子们会唱吗？得知他们不会，我便教他们唱这首歌。怎么教呢？对于上面的简谱，我能唱一些，但怕自己唱不好。想起我小时候，音乐课也大多是老师教一句我们跟着唱一句，现在也只能沿用这个老办法了。我把歌词抄到了黑板上，我唱一句，孩子们跟着唱一句。就这样，唱了三四遍，大部分同学能跟着哼唱了。然后，我变换花样，师生分开唱，男女生比赛唱，孩子们越唱越高兴，课堂气氛也逐渐活跃起来，连总是蔫蔫的王利平也放开了嗓子。

　　一节课就在轻松愉悦中结束了。看来，需要学习的事情太多了！在空闲时间，五音不全的我还要钻研一下音乐知识。教学生唱唱歌，只当是活跃一下课堂气氛，丰富一下孩子们的学习生活吧！

分层教学

4月18日　星期五

今天，高源鸿和张文博两位老师请假去参加自学考试了。我一天上了八节课，更加深切地感受到这里的老师们工作的繁重与辛劳。

下午四节课，我花费将近三节课指导学生第四单元习作——写自己学会的一种本领。重点写这些本领是怎么学会的；在学习本领的过程中，有哪些趣事，有什么体会。尽管在学习第十六课的时候，已经做了简单的交流和布置，在指导中，又是口头说话，又是范文引路，但仍有一半学生无处下笔，无话可说，尤其是班上的六名学困生。他们咬着笔杆，抓耳挠腮，一节课下来，连一两句话都写不出来。我俯下身子，单独指导，我说一句，让他们写一句。孩子们表现得越发手足无措，好半天写不出一个字来。唉！孩子们最大的障碍是字都不会写。

罢了，别再为难他们了，索性让他们抄写第一单元词语，多识记几个字吧！

巡视中，我发现王丹丹几次想举手，却又总是胆怯地把手放下。我走近她，轻声询问，她指着词语表上第一课第二个词语"乌黑"的"黑"，小声地问："这是什么字？"

我没有急于告诉她，而是指着"乌"问她："这是什么字？"

她犹豫了一下，发出极轻微的声音："niǎo。"

我懵了。又指着第一个词语"燕子"问她，她红着脸说："yàn zi。"

不错，她认识。接着指着第三个词语"轻快"问她，她低头不出声了。

我尽量掩饰自己的情绪，希望自己不要吓到面前的这个小姑娘。她今天能在课堂上向我提问，已是十分不容易了。

我俯在她的耳边轻声说："你今天能举手提问，真了不起！没关系，你把后面的词语中你能认识的字读给老师听，不认识的字词跳过，好吗？"

她点了点头，开始艰难地认字："刀、尾巴、风、光、目、生、田、一。"第一课22个词语，她认识1个词、7个字。

接下来，我用同样的方法测试了王利平、雍文波、雍婷婷、刘旭杰、雍海娟、雍爱娟6个孩子，除了海娟、爱娟两个孩子稍好一些，其他孩子和王丹丹的识字情况差不多。最叫人震惊的是雍婷婷，她只认识"一、二、三"，我很怀疑！我在她的本子上写下了"大、小、多、少"，她不出声，又写下了"上、中、下"，她依然沉默。我又写下了"一、二、三"，她小声地认读"一、二、三"，接着我又写了"四、五、六"，她不再出声。难道她只认识"一、二、三"吗？

前几天我曾和王校长说起过这个孩子，他说这孩子就是这样。他和这个孩子是一个村的，而且是邻居，家里四个孩子，差不多一个样。父母亲都大字不识，老实巴交，守在地里种庄稼。唉！可怜的孩子！

放学后，我把这几个孩子留下来，告诉他们，曾老师愿意给你们几个单独上一年级的课，你们愿意吗？

几个孩子抬头吃惊地望着我，王利平第一个发言："愿意！"于是，另外几个赶紧跟着说"愿意"。

"那从下周一开始，你们几个把一年级上册的书带上，好吗？"

"好的！"几个孩子齐声回答。

望着他们背着书包下楼，我难过得想哭。三年级的孩子，他们是怎样度过前两年的小学生活的呢？

下周一开始，我想尝试分层教学。我不知道这样做对不对，但我想我不能再让他们像原来那样度过每一天的学习生活了。

就让他们多识几个字吧！

又是周六辅导课

4月19日　星期六

今天周六，毕业班孩子补课，因为教数学的高老师去参加自考，早上的四节课都是王校长代上。想到前几天校长夫人王老师提到的该种玉米了，别人家早都种了，她家里连地膜都没铺呢，再不种该错过播种时间了。我曾提出替王校长顶课，让他回家赶紧把地种了，王老师满心欢喜。等给王校长一说，他把脸一沉，对王老师一顿训："就怕不种地，饿死你呀！"我赶紧解释："是我主动提出来的。你再不种地，真是错过时节了。"他笑着说："没事，周末连铺地膜带点玉米一趟过。"我知道他是不好意思把自己的工作加在我头上。

昨天下午放学后，王老师急匆匆给王校长和孩子在压面机上压了面条便要回家去，我再次提出，索性他们一块回去，我来给毕业班上课。王校长略一思忖，便笑着说："也好，我俩一起上，我上数学，你上语文。"今早前两节，他给孩子们上了数学课，然后交代了我要上课的内容，就骑着摩托车一溜烟地走了。

上课内容是古诗词部分第十首《卜算子·送鲍浩然之浙东》。正好，可以和上次学习的送别诗联系在一起。我先带领孩子们复习了上节课新学的古诗——王昌龄的《芙蓉楼送辛渐》，又回顾了课堂上复习过的另外三首诗——李白的《赠汪伦》《黄鹤楼送孟浩然之广陵》和王维的《送元二使安西》，然后又拓展了高适的《别董大》和王勃的《送杜少府之任蜀州》，最后学习了王观的词《卜算子·送鲍浩然之浙东》，从朗读指导到理解诗意，再到体会感情，对比学习，孩子们听得很专心，学得很认真。在孩子们熟读背诵之后，我当堂进行了测试，默写七首送别诗词。尽管孩子们满口答应"没问题"，但巡视中仍发现孩子们的默写存在很大的问题。暂且不说他们的书写歪歪扭扭，也不按笔顺规则而全由他们的习惯，想怎么写就怎么写，仅错别字满篇就叫你难以置信。考虑到孩子们年龄大了，又是那样积极认真地学习，因此没敢再提及收交批阅的事情，改为同桌互相订正。孩子们像获得赦免一样，那一双双躲闪的眼睛，又从四面八方慢慢地回来了，他们订正得十分仔细，然后对默写中出现的错别字做了认真改正。古诗词写完又做了这一课的同步训练，边讲边做，结束时已到12点。

望着他们欢蹦乱跳地回家了，我又开始发愁：中午，我吃什么呢？

消失的鼠战

4月20日　星期日

"曾老师，我们家猫快生小崽了，等生了小崽，我送你一只。"就在今天上午，六年级的小男孩王涛来学校对我说。

猫？我这才想起刚来那几天，夜夜有老鼠出没，闹得人寝食不安，曾给孩子们提起过。他竟然还记得！

"那就把大猫给我吧！"我说。

"怕大猫跟你不熟，在你那儿不习惯会逃掉。"小男孩睁着明亮的眸子，用坚定的语气说："遇到生人，它一定是待不住的。"

"那要不就连你一块儿借过来吧！"我逗他。

"好的。我回家跟我奶奶商量一下。"小男孩说着头也不回地跑了。

真是个可爱的孩子！

望着他远去的背影，我蓦然想起，已经好多天没有受老鼠的干扰了。是投放的鼠药起了作用吗？抑或是这些天太累，睡得太沉的缘故呢？

想一想，自己也觉得好笑。曾经是那样决绝地与老鼠斗争，硝烟竟然消失得如此缥缈，如初阳蒸融薄雾，像清风拂过云烟。

单元测试分析

4月21日　星期一

今天，去参加自考的两位老师还没回来，我又上了八节课。领着学生细致复习了第一单元，从字、词到句、段、篇整整复习了三节课，甚至对测试卷中涉及的缩句、扩句、仿写、比喻句等题型都做了讲解和大量练习。下午的单元测试与上次相比稍有进步，优秀率41.2%，合格率58.8%。仔细分析孩子们的卷面：

（1）字词基础部分进步显著，尤其是形近字辨析组词、补全词语、数量词填空等题目得分率较高。

（2）连词成句、古诗默写共8分，题目简单，除极个别学生外，其余学生失分少，这是本次成绩提高的一大原因。

（3）阅读理解普遍较差。比如针对《燕子》一课中描写春光美的一段话提出"描写了哪些景物"的问题而很多孩子答非所问，今后在课堂阅读教学中还需加强训练，提高孩子们的阅读能力。

（4）句式训练虽在考前做了讲解训练，但仍有大部分同学没有理解掌握。今后还需反复讲、多次练。

（5）修改病句6分的题，全班失分最为严重，需要慢慢渗透。

（6）字词听写训练，孩子们虽然普遍有进步，但面对"看拼音写词语"仍存在大问题，很多孩子不会拼读音节或出现问题较多。其中，将"sī tāo"（丝绦）写为"思考"、将"bǎo zhàng"（饱胀）写成"宝藏"的比较普遍。针对这一问题，晚饭后找王校长沟通，他说六年级学生有同样的问题，会写字但不会拼读音节。我想到在网上找"看拼音写词语"之类的词语盘点的题，打印题单，让学生抄拼音、写词语，王校长也赞同。于是二人在网上查找、下载打印，接下来就是反复练了。希望能通过这种方式，补一补孩子们的拼音漏洞。

（7）后进生的转化仍将是我不容松懈的工作。我把王利平的测试卷拿给王丽霞去做了，我想至少也能促一促王丽霞。

（8）培优工作也得作为重头戏。得让不同层次的孩子看到身边同学一天天地进步，以此督促自己前进，使班级学习成绩整体慢慢提升。

在孩子们测试时，我单独教王丹丹、王立平、雍文波和雍婷婷四个孩子识字，开始了我的分层教学。我安排他们坐到了最后面一排并朝后坐，用教室后面的黑板开始了识字教学。他们都没有带一年级课本，我就从最简单的生字开始教。毕竟是八九岁的孩子了，学起来倒也不是太费事。一会儿，认写了"上、下、左、右，大、小、多、少"。

看着他们一笔一画写字的姿势，我想：每天坚持下去，哪怕多认一个字也行。

六年级的拼音课

4月22日　星期二

今天上午，王校长去喜集开会了，我去帮他给六年级孩子们上课，发现孩子们正在做王校长昨天从网上下载、打印的"词语盘点"。巡视中发现孩子们确实存在拼读困难，大部分孩子能熟练背诵、甚至按顺序正确地默写出声母、韵母表，但对于音节，他们需要把音节中的声母和韵母按顺序去回忆，才能一一对应。更困难的是拼读，尤其是三拼音节，愣是拼不出来，有个别水平较好的孩子能拼读音节，声调却总是出错。了解到这些情况，我便开始了汉语拼音教学。

这些十二三岁，甚至十五六岁的孩子要开始"ɑ、o、e"的学习。刚开始他们也觉得难为情，张不开口。慢慢地，当我把六个单韵母带上四声声调一遍遍大声领读时，孩子们似乎也被我的认真所感染，便不再拘谨，放开了声音。接下来，开始了这些单韵母与声母的拼读，我终于发现了他们拼读的真正问题。他们习惯把声母与韵母相拼后再加声调，所以音节拼不准，尤其是声调。比如：b-ǎ他们拼为b-ɑ，在音节出来以后再加声调，有些孩子就变成了bá或者bà，反复领读，但有些孩子总是出错，毕竟孩子们已经这样拼读了六年。更有意思的是，当把声母"j、q、x"和单韵母ɑ拼读时，他们几乎异口同声地拼出"家、掐、虾"的音来。当我在它们中间加进"i"，他们竟然拼不出来了。我告诉他们三拼音节"声轻介快韵母响"的拼读规则，并反复示范，孩子们逐渐掌握。

铃声响起时，复韵母前后鼻音的问题尚未提及，孩子们也意犹未尽。看来拼音教学还得抽时间再继续。

两加（减）两变

4月23日　星期三

昨天，领着同学们复习了第二单元，今天早自习进行了词语听写，总体不错。但当测试卷发下去时，孩子们又茫然了，第一题"看拼音写词语"就是一只拦路虎。修辞手法、把字句变被字句、修改病句等练习，更让他们丈二和尚摸不着头脑。见一个成绩较好的孩子，在"节日的广场人山人海"所使用的修辞手法句子后的括号里，工工整整地写上"病句"时，我彻底无语。

罢了，不能再考了，太难为他们了。当即宣布停下笔，把卷面中涉及的类似题目先讲一讲，测试卷放到期末复习时再做吧。

对反问句和陈述句的互换，讲课中突发奇想，概括为"两加（减）两变"，效果很不错。

例如，反问句变陈述句，则为"两减两变"：

① 这一切难道不比画中的还美吗？

分析："两减"：一减"难道"，二减"吗"；"两变"：一变否定为肯定，即"不比"为"比"，二变"？"为"。"。

句子变为：这一切比画中的还美。

② 我怎么会忘记他呢？

分析："两减"；一减"怎么"二减"呢"；"两变"：一变肯定为否定，"忘记"为"不会忘记"，二变"？"为"。"。

句子变为：我不会忘记他。

孩子们似乎慢慢掌握了。我继续举例讲解，陈述句变反问句则为"两加两变"。我在黑板上写下：王丹丹是个聪明的孩子。

孩子们笑了。把这个陈述句变为反问句，该怎么变呢？"两加两变"谁会变？

有同学举手了。他说：一加"难道"二加"吗"；"两变"就是一变"是"为"不是"，二变句号为问号。孩子们齐声回答：

王丹丹难道不是个聪明的孩子吗？

王丹丹笑了，孩子们笑了，我也很开心。

我想：再训练几次，雍婷婷应该也会做了，等他们慢慢掌握了应该掌握的东西、测试变成展示台，他们便会尝到成功的愉悦，就会更多地激发起他们学习的兴趣与欲望吧！

袁坝的晚餐

4月24日　星期四

今天放学后，等高老师上完六年级辅导课，王校长、张文博、郭老师、高老师、袁文文和我6个人骑了两辆摩托车去袁坝村袁文文家做客。袁文文将在本月底顶岗结束回陇南师专。今天是他邀请我们去他家的，算是在这儿工作两个月的告别吧。按理说应该是我们大家欢送他的，只是这儿没有这个条件。

黄昏，走进袁坝，村子里格外安静。文文的父母外出打工，他和爷爷奶奶住在一起。进入院里，是一座老宅子，土坯房，房顶盖着青瓦，文文说这房子还是他很小的时候盖的。说话间，文文奶奶走出屋招呼我们进屋。屋子里是这儿最典型的通三间、高门槛。一进屋，文文和奶奶便招呼大伙儿上炕，炕沿放着火盆，新添加的炭火冒着青烟。我不太会盘腿坐，便坐在了炕头的褥子上。炕热热的，散着炕焦味。与孩子们相处了一个多月，对这种气味早已经习惯了。屋子的四壁和顶都用报纸糊上了，顶已经被烟熏得发黄了。

这时候，屋里走进一位看似70多岁的老人，背有点驼，戴着一顶帽子，穿着一身黑。文文介绍说是他爷爷。文文的爷爷笑着打招呼，也上了炕，坐在了靠窗的位置，然后一一和我们认识。原来他和王校长的父亲是老相识，今年60多岁，比我父亲还要小几岁呢！

说话间，文博已经把炭火侍弄好了，文文端上了五六个小茶罐摆在了我们的面前。我和高源鸿都不太习惯喝他们的罐罐茶，便坐在了炕头的褥子上，盘着腿悄悄聊起天来。他是天水人，26岁，从陇南师专毕业。去年参加了一万名考试，被分配到了关坝小学，才一个学期。他的对象也是西和人，去年和他一起考没考上，今年在成县安心复习，全力以赴地准备今年的一万名考试。对于未来，他很惆怅，是先结婚还是先置房，是在县城买房还是买一块地皮自己建房，这些都让他很伤脑筋。最让我震惊的是，看他斯斯文文的样子，他竟然在大学暑期跟着父亲在新疆的建筑工地上打过工。不由感叹自己已近40岁的人了，履历表上除了上学就是教学，现在支教一年，还弄得家人牵肠挂肚。

王校长边喝罐罐茶，边说着自己富有传奇色彩的成长史。我们就这样愉快地聊着天，在炕桌前吃了一顿丰盛的晚餐。

走出文文家，已是晚上9点多。天下起了小雨，除了村里星星点点的灯光，一片漆黑。文文打着手电筒，我们深一脚浅一脚地走出了巷口，便骑摩托车回到关坝小学。

救救孩子

4月25日　星期五

唉，这些孩子，总叫你感到束手无策。

今天下午的作文课上，我领着孩子们复习了《争吵》一课，就争吵后我的心理活动做了细致的回顾，然后引导学生口头交流自己与同学之间类似的事情，接着让孩子们把这件事情写下来。孩子们大眼瞪小眼，不知道该怎么写，于是我又开始指导，可以仿照《争吵》一课，先写自己与同学争吵的原因，再写争吵后你俩各自是怎么做的，你心里是怎么想的，最后写出争吵的结果是重归于好还是友谊破裂。孩子们听到仿写就像一下子抓到了救命稻草一样，"唰唰唰"地开始动笔写起来。几分钟后我开始巡视，发现大部分同学已经写了四五行，细看真叫人哭笑不得。他们只将文中克莱谛、小石匠用班中同学的名字代替，其余均"尊重原文"一字不落地照抄，更有甚者，像雍爱娟、雍海娟两姊妹竟然完全照搬，连课题序号"15"也没落掉。天啊，这哪是仿写，这不是抄写吗？我忍不住开始读起来：

"15争吵今天我和克莱谛争吵，并不是因为他得了奖，我嫉妒他……"

真没法读下去！因为即使是抄袭，雍爱娟一句话中也错了两个字。"奖"下面的"大"成了"犬"，"嫉"右半边病字头少了两点。同学们忽然听到我读课文，莫名其妙地抬头望着我，我忍不住笑了，说："我们班有同学完全把自己当成安利柯了，她和克莱谛吵架了。"同学们这才恍然大悟，哈哈大笑起来。雍海娟赶紧拿起橡皮开始擦，而我们的雍爱娟同学仍傻乎乎地望着我，不明就里。我走近她，悄悄告诉她："你可以把克莱谛改为你的同桌雍江龙。"她这才把铅笔掉过头来准备擦，可总是不下手，悄声问她怎么了，督促她赶紧改呀。她还是低着头不出声，同桌雍江龙把身子转过来，指着她本子上写的"克莱谛"三个字，她这才擦去。哦，原来她只是在抄写，至于自己写的是什么，她根本不认识。学过的课文，孩子连字都不认识，还让写什么作文，真是太为难她们了。

这时候，王丽霞举手了，她问我："踢了一脚的踢和脚怎么写？"我拿起她的笔在她的本子上写下"踢了一脚"，刚放下笔，还没走远，她又开始问了："打了一拳的拳怎么写？"我告诉她："要不，不会的字，先用拼音代替，等写完了再查字典。"孩子脸一红，便不再吱声，咬着笔杆儿不再动笔。忽然想起她不会拼音，我便走到她的身边写下"拳"。她认真地照猫画虎，我心里像灌了铅一样，沉甸甸的。

再往前走，发现王丹丹正在埋头认真地抄写着词语。书写工整，字的正确率也提高了，想着她近来进步可真不小，抄写的生字出错也很少，便鼓励她："丹丹的进步最大了！字真漂亮！一定要边写边往心里记。"她高兴地点着头，像小鸡啄米一样。见她正工整地写下"日积月累"四个字，便问她："告诉老师，这四个字是？"本想借此再美美地夸她一下的，不料孩子低着头不出声了。我安慰她："没关系，还是像以前一样把你认识地读出来，如果碰到不认识的字，你就说我不认识。"她用手指着"日"小声地说"rì"，便不再出声。我指着"月"，心想这个字她总该认识了，孩子竟然说"我不认识"。我猛地一阵揪心的疼，像被什么蜇了一下。我说"日积月累"，她跟着认认真真地说"日积月累"。可怜的孩子！

聪明的人们，请告诉我，我该如何去做？

救救这些孩子！

女儿来了

4月26日　星期六

今天一早起床，吃了早点便去娟云门前乘车，进县城去接妻子和女儿。四月底女儿学校开运动会，借五一小长假来探望我。

一个多小时车程，感觉很快就到了县城，才9点多，想到她们娘俩到站最早也得下午两点多了，于是给在稍峪学区支教的柴老师打了电话，想去看看她。尽管同在西和县支教，但她在县城北，我在县城南，路途远不说，乘车也不方便。电话打过去，柴老师很高兴，但考虑到乘车不便，一个来回恐怕两点多也未必能赶回县城，怕来不及接她们娘俩，柴老师便提出，索性她来县城，顺便购物、洗澡。等她来至少也得一个多小时，我便去了一家浴室洗澡。提起洗澡，想起洛峪镇镇子里唯一的一家浴室，水小不说，乘车也不便，自此便打消了去镇上洗澡的念想。从清明节回家一趟以后，安安稳稳地待在关坝已经快20天了。好在浴室里人不多，否则一定会吓坏别人——此人身上污垢洗去，肤色一下子变白了。尽情洗浴，好痛快！

出了浴室，柴老师刚到，寒暄几句，她先去洗澡，我便到县城漫无目的地闲逛。这儿的花鸟市场倒是热闹，盆景较多，都是人们上山自己挖的，也不乏一些"精品"。看着往来游赏的人悠闲自得的样子，心里想到底是城里人了。关坝村里的人不是出外打工，便是在田间地头耕种，哪有这份闲情逸致。

不知不觉已是晌午，和柴老师一起吃了这儿最有名气的杠子面，一边闲逛一边闲聊，谈话中知道她在稍峪学区九年制学校，学校里近20个教学班，班额也是四五十人，老师相对较多，大多带自己的专业课。平常学校里活动也很多，总体和我们兰州师范附小情况差不多。看来县城和农村差异还是较大。

闲谈时娟云打来电话，说他已经到县城等了半个小时，问我爱人和孩子几点能到。赶紧拨通爱人电话，得知班车一路上走走停停，耽误了好多时间，可能还得40多分钟。一看表已是下午两点半，于是挂了电话后又立马联系娟云，如此这般一讲，娟云也表示理解，只得继续等。跟柴老师告辞，在长途客运站后的马路上找到娟云时，车上已经坐了三个人。我拿出刚买的水果给大家吃，大家都推辞。为了节省时间，免得让娟云再等，我就去了中午吃饭的那家面店买了两份杠子面给家人。

班车进站已是下午3：15，拿了行李忙不迭地塞进娟云的车里，原想让妻子和女儿在车上吃了饭再走，结果人一上车，娟云就发动了车。想到已经让大家久等，也不好意思再言语。妻子和女儿在颠簸的小面包车里凑合了几口杠子面，便兴致勃勃地谈起今早的乘车情况。女儿一听说还要乘一个半小时的车，便嘟起了小嘴巴，抱怨我跑到这么远的地方来支教。

但我相信等到了关坝，她一定会很快喜欢上这个地方。

游仇池山

4月27日　星期日

今天一早，我们一家三口带着校长的女儿雍娜去爬仇池山。

昨晚用手机百度了一下仇池山，它位于西和县南境的大桥乡，海拔1791米，山顶平阔，呈小舟之状，四周红岩石壁，险要无比。因其峡谷幽深，奇峰竞秀，更因它是仇池古国，还是三皇伏羲、神农、轩辕的诞生地而远近闻名。早就想去的，但这里的老师们说太远了，再说也没什么好看的。细问山上有些什么，他们也不清楚，因为他们也没有去过，就连大桥乡的郭老师也没去过。不由想起前不久的一个周末去爬山，路遇一位正在田间种玉米的老者，打了声招呼，他问：

"你去哪了？"

"我去爬山。"

"爬山干什么？"

"随便看看。"

"山上有啥看的？"

……

雍娜和曾文睿

　　我一时语塞，不知道该怎么回答。想想老人说的也是，村子里群山环抱，无非有一些绿色的植被，有什么好看的。庄稼人连地里的活都干不完，哪有心思去看风景。

　　我们一路步行，说说笑笑，两个孩子玩玩闹闹，很投机。半个多小时，我们便走了六里路。来到喜集，走过桥头，向洛峪镇相反的方向走去。边走边拦过路的车，半个小时后已是10：10，终于坐上了往仇池山方向去的一辆班车。跟售票员说明我们要去爬仇池山，在灯塔村下车，车上人一片唏嘘，说山路不好走，不如乘车到龙凤村。

　　路过灯塔村的时候，有人指给我们上山的路，树木郁郁葱葱，完全看不到山路，想必山路一定不好走。俗话说"听人劝，吃饱饭"，那就到龙凤村吧。

　　乘车约40分钟，龙凤村到了。路旁一块高大的牌子上醒目地写着"仇池山10km"，原来我们到了仇池山的脚下，到山顶还有10公里的路程等着我们。

　　我们沿着石子铺成的公路往山顶走去，一边走一边欣赏这里的风光。这里的山比关坝那边的还要高、还要葱郁。山上静静的，偶尔有摩托车、拖拉机冒着黑烟、卷着尘土从身边驶过。

　　大约一个小时后，我们爬到了半山腰。坐在路边歇息，俯瞰山下，河水像一条明亮如玻璃的带子，蜿蜒地流淌在苍翠的两山之间。山上绿油油的麦田，黄澄澄的油菜花，像有人有意穿插编织的花环装饰着山峦。回头望，发现我们刚刚走过的折尺形公路与人们在地里铺的塑料膜像极了，一条条，整齐地排列着。

　　起来再走，累了再歇，走走停停，又是一个多小时，碰到两位修路的人，一打听才知道离山顶还有3公里。我的女儿累得不想往上走了，雍娜却全然不觉辛苦，看来孩子常走山路，已经锻炼出来了。尽管我也累了，但想想已经爬了7公里，若就此返回真有些前功尽弃。把这个想法说给女儿听，她竟然用"行百里半九十"来勉励我们。想到山上还有"仇池八景"，加上时间紧张，最迟下午4点我们还要返回山下，否则就没有返回的车了。我们便振作精神，继续往山上爬去，毕竟已经走了两个多小时，又是上山的路，越走越感觉到累。终于碰到了一辆上山的拉沙子的大砖车，一招手好心的司机停下车，便将我们带上了山顶。

　　山顶上果真很开阔，车子行了十多分钟才停下，已经快2：40了。司机师傅说，既然上山来了就好好转转，山上还有几辆拉砖的车，下山时可以搭乘。我

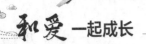

们谢过司机师傅便向伏羲庙赶去。一路走一路看，山上大概有几十户人家，还有一所新建的仇池山小学。白墙红瓦，格外漂亮！田里一大块、一大块的油菜花开得正艳，黄澄澄的，眼前一片明亮。

路遇几个小孩，叫他们做向导领我们去伏羲庙，孩子们倒挺乐意，尤其喜欢拍照，于是走走停停，十多分钟之后，在一大片油菜花的后面，我们看到了一座庙宇，不大。走近，见门上挂着锁，只能从窗户缝隙往里看。里面供着几尊佛像，眉目不是十分清晰，想来时间已久。中间端坐的应该是三皇之首伏羲吧！

折身往回走，经一位老人指点，看到了又一景点——仙人崖。孤峰突起，悬崖峭壁。其余六景均不在同一地方，恐怕转到天黑也看不完。（待续）

今天我请客

4月28日　星期一

早上，趁第二节课空闲时，我抽空在压面机上压了面条。妻子见我操作压面机，夸我技术熟练，问谁教给我的。她哪里知道，关坝的老师们都是我的压面师傅。

关坝的人习惯了吃机子压的面，家家户户都有压面机。大型的、小型的、电动的，还有手动的，各式各样。学校里这台电动压面机就放在我办公室外面窗口位置，不论老师们谁来压面，我都可以站在旁边学习。和面、碾压、装刀、切面、收面，光是见习期都用了十天半个月。

今天，我们想请大家吃午饭，这是我俩商量好的。我压面，妻子择菜、洗菜，我们精心做着准备。

聚餐合影

中午，放学铃声响起，我快速回到房里，妻子已经炒好了菜，烧好了水，就等着下面了。等放了路队，我招呼大家一起上楼吃饭，还把她从家里带来的好吃的统统拿出来跟大家分享。

今天我请客。这顿饭虽然简单，但略表我们的一点儿心意。大家有说有笑，吃得津津有味。

兑换奖品

4月29日　星期二

第四节课，作业积分兑换奖品，教室里变得像赶集一样热闹。

有8名同学，语文练习册上累计了十朵小红花，有11名同学听写本累计了五朵小红花，有7名同学作文本得了三面小红旗。我让他们上讲台自选奖品。他们激动地站在讲台前，精心挑选。

奖品有中性笔、自动铅笔、橡皮擦、透明胶和各类作业本。有好几个同学拿到了三样奖品。最让他们惊喜的是，除了奖品，我还给他们每人一封表扬信。孩子们高高兴兴上台捧着表扬信，如获至宝。我还给有进步的同学发了报喜单和小奖品。其他同学投来羡慕的目光，我趁热打铁，重申了积分制，鼓励他们只要肯努力、有进步，都有机会获得表扬信、报喜单。

他们脸上都洋溢着幸福的笑容，看得出他们已经铆足了劲儿。只是这股劲儿能保持多久，我还得动脑筋、想办法。

五月

恍恍惚惚中，我也化作一朵山花、一株小草，在夕阳余晖中摇曳。

文文走了

5月4日　星期日

好几天没有动笔了，有很多话可写，只是没有闲暇，日后再叙。

今天是五一小长假后第一天上班。几天旅途劳顿，身体很疲惫。妻子和女儿回去了，突然感觉心里空落落的。平静的生活彻底被打破，早晨听到广播响起，却慵懒得不肯起床。昨晚吃了点凉皮，肚子开始咕咕叫，再也不敢赖床，一骨碌爬起来便向厕所跑去。

洗漱完毕，一出门就见到了王校长，打了招呼，寒暄了几句，他叫我到他办公室，说是要把袁文文的课程分配给大家。会不会是把袁文文的数学课安排给我呢？带就带吧，权当是现学现卖了。没想到他拿起桌子上文文的课程表说："文文这一走，课实在紧张得不行，他的四年级数学就由我来带，你把三年级美术课、四年级品德课带上吧！其余的课我再安排。"

我应了一声便走出他的办公室，心里很过意不去。除了老校长带几节品德课和科学课以外，其余均带语、数两个主课头，还要兼带其他课。我只能顶半个老师而已！可是要我再带四年级数学，至少一周得加进十节课呢，想想就害怕，更何况我根本无力胜任数学教学工作。

脑海中不由得回想起刚来的时候，王处长在大巴上就讲到去年"千进八百"支教工作中出现的问题，有老师任由人家安排带课，到头来吃力不讨好。他告诫我们，一定要做好自己的本职工作。

也罢，就带好现在的语文、音乐、美术和品德等每周26节课，尽自己所能让孩子们能学有所获，有所进步，如此便好！

女儿的期中考试

5月5日　星期一

女儿的期中考试结果已出来，语文93分，数学91分，英语78分。这样的成绩着实吓人一跳，尤其是英语，这一直都是她的强项，是三门功课中她学的最轻松、成绩最好的一门。

分析卷面出现的问题，发现她基础不够扎实，单词、新学习的时态没有掌握住；语文字词基础也出现问题；数学中物体表面积、体积、棱长等知识也有些混淆。电话联系了三位任课老师，老师们指出，孩子学习状态不及以前，缺乏主动性。反思这一问题，是因为孩子没有养成主动学习的习惯，对我的依赖性太强。英语朱老师笑谈，我走了，把孩子的心也给带走了。还说我在孩子最关键的时候去支教，把孩子给耽误了。

放下电话，我怔怔地坐在桌前，心里很是难过。

女儿的学习和教育问题，一直以来是萦绕在我心里的最大问题。女儿现在五年级，对口中学不好，要进入一所理想的中学，必须抓好学习成绩。所以在去年兰州市"千进八百"的互动计划中，为了女儿，我毅然决然地放弃了下三县顶岗支教的机会。虽然，校长找我谈心，做了我的思想工作，动员我下乡顶岗，也有同事和朋友们劝说，说从下乡回来之后就可以晋升职称，多好的机会！我只能呵呵，什么都是浮云，抓好女儿的教育比什么都强，因此便铁了心不再考虑职称晋升的问题。可是事与愿违，女儿的数学张老师生病请了长假，课外数学提高班也不得已停下。就在这种情况下，有了省教育厅"三区"支教工作的计划，我主动报名申请，想好了带女儿一起去支教。可是世事难料，文件上的"市支持县、县支持乡"的精神完全没有落实，我竟然被分配在乡村小学。尽管我是在农村长大，不怕在农村吃苦，但怕带女儿过来会苦了孩子，更怕误了她的学习，毕竟这儿的教学条件不比城市，连英语课都没有开设。就这样把女儿留在了家里，我只身来到这里，纵有一千个一万个不放心也是徒然。

妻子电话里常说，女儿懂事了，学习比以前自觉了，女儿也称自己进步了，我还窃喜，总算不再牵挂孩子，能安心支教了，可现在女儿这样的成绩又怎能叫人安心？拿起电话再次拨通妻子的电话，一起商讨了女儿后半学期的学习计划，这才如释重负。

晚上，女儿在写完作业后如约打来电话，如此这般一阵叮咛，女儿在电话那头哽咽，泣不成声。真希望女儿能将此次考试作为一面镜子，照出自己学习中出现的问题并迎头赶上，这样我便安心。

我的期中测试

5月6日　星期二

本周四要进行期中考试，听老师们说学区要进行统考。四所完全小学，还有喜集九年制学校，监考打乱，共同阅卷，听阵势还挺正式的。看着老师们都忙着测试，自己也忍不住抽出期中测试卷进行了一次考查。利用中午休息时间紧张阅卷，考试成绩比前两次单元测试略有进步，大部分同学学习成绩稳步提高，按参加考试的17名同学计算，及格率、优秀率均为64.7%。但没有测试卷的5名同学是铁定及格不了的，按总人数22人计算，双率将变为50%，其中马玉霞、王秀秀两名同学的成绩依然不稳，如果这两个孩子再出现状况，那双率会更低。听数学张文博老师讲，这个班及格率50%就属正常，言下之意，若非如此就是不正常了。如果期中考试果真是这样的成绩，那可就丢人丢大发了。问校长夫人王老师，学区统考中是按双率比较还是以平均分评比，她也说不清。

平心而论，我是下了功夫的，孩子们的进步也是看得见的。家庭作业，除了王利平、雍婷婷，其余同学都能认真按时按量地完成，课堂作业更是不必细说，我都是精批细改，每一个孩子的每一道错题我都是当面订正的。

真想再问问王校长成绩按什么形式比较。又想算了，只管耕耘，不问收获。或许方能保持一颗平常心吧！

期中复习

5月7日　星期三

下午，从网上找了一些句型的训练题，如把字句和被字句转换、反问句和陈述句转换、关联词语、扩句缩句等。当第四节课铃声响起时，我疾步走进教室，张文博老师早已到教室给孩子们发数学测试卷。这才突然想起，今天是星期三，是数学辅导课。原本想考前再加强一下，只好作罢。

走上三楼，王校长正在他办公室门口和一个人说话。见我上楼问我有没有课，说他有急事要出去一趟，然后把手里拿的一份六年级语文测试卷递给我，委托我把试卷后半部分他还没有讲完的题给孩子们讲一讲，我欣然接受。说实话，我给六年级这班孩子上过几次课，越来越喜欢。

走进六年级教室，孩子们高兴地坐端正了身子，听课十分专注。卷子上出现了一道修改病段题，着实难住了孩子们。我索性引导孩子们回顾整理了病句的类型：句子成分残缺，词语搭配不当，语义前后矛盾，词语重复，语序混乱，不合逻辑，错别字、标点符号错误等。

针对以上"病症"，再结合"病例"，孩子们慢慢有了头绪，很快便找到了病段中的三处错误，再稍做引导，另两处错误也被找出来。正打算讲阅读题，下课铃响起，孩子们意犹未尽。问最后一节是什么课，孩子们齐声回答"数学"。

唉！又没完成王校长交给我的授课任务。

课间与孩子们闲聊，知道王校长讲题的速度很快，很多时候直指问题，有时候甚至他说出答案，学生写下来便是。

给老鼠收尸

5月8号　星期四

下午放学后，我实在不想做饭，便走出校门，沿着马路往袁坝方向走。不是懒得动手做饭，而是下午的一幕着实叫人反胃。亏得下午4点多了，胃里面已经排空，只是干呕了几下，硬是没有吐出东西，但恶心了好一阵子。

事情是这样的：下午上完第二节课，一走进办公室就闻到一股恶臭。已经好几天了，总能闻到这种气味，前两天还以为是楼下的旱厕里飘上来的。关了门，似乎再也闻不到。今天天气晴朗，气温较高，这种味儿更重了，关了门坐在椅子上休息，六年级王涛、马盆盆两名同学在门外打报告。两名同学进屋，我问他们是否闻到房间里的异味，两个孩子抽抽鼻子，王涛点头，说："好像有。"于是让他俩帮我在房间里四处闻闻，看看气味究竟是从哪发出来的。他们倒是很听话，很快便投入工作。探着身子，使劲嗅着，那模样真是可爱。从每一个书架到柜子，再到做饭用的一张大桌子。突然马盆盆叫起来："抽屉！"王涛也赶紧凑过去，附和着说："就是从抽屉里发出来的。"我让他们掀开台布，拉开抽屉看看。他俩拉开抽屉，开始翻腾。

"曾老师！"王涛喊起来。看到他俩捏住了鼻子，我疾步走上前，便见乱糟糟的抽屉里躺着一只死老鼠。胃里一阵翻江倒海，干呕起来。两个孩子倒是很懂事，见我呕得眼泪都快出来了，赶紧拉出抽屉搬出屋子。一时间，楼道里都弥漫着恶臭。王涛手里端着抽屉不知如何是好。抽屉里面一片狼藉，我索性让他们搬到校门外倒垃圾的地方倒掉。我也不知道抽屉里的东西是谁的，便嘱咐他们看看，如果发现有用的东西再拿回来。马盆盆提起抽屉里的一个油茶袋子，问"那这个要不要？""老鼠吃过了，肯定是不要了。"王涛不假思索地说。

这时候上课铃声响起，我让他俩放下抽屉，先去上课，他俩一溜烟就跑了。看着地上的抽屉，想着这些日子我就在装有这个抽屉的桌子上做饭，不禁又一阵干呕。一会儿高老师走过来说，王校长还没回来，他还要给四年级去上课，六年级同学希望我能去给他们上课。

走进教室，见同学们窃窃私语。一问才知道，他们正说着我抽屉里的死老鼠。问起谁愿意帮我去收拾一下，孩子们面面相觑，很快便有几个男生举起手来。马盆盆跑出教室，王义也跟着去了。

十多分钟以后，二人返回。王义说，抽屉太脏了，他们把抽屉拿到小河里洗干净了，放在我办公室门前的台子上晒着。我内心一阵感动，真是两个懂事的孩子！

"谢谢你们帮我给老鼠收尸。"我真诚地向两个孩子致谢。

同学们哄堂大笑，课堂在轻松愉悦中继续。

放学后，看到几只绿头苍蝇正落在抽屉上，又一阵恶心，便走出校门。

期中考试

今天期中考试，原本是学区内各学校老师交换监考，今天没再这样做，而是由各学校老师自己监考，学区领导巡视。

关坝小学共设四个考场，各考场有四五十人，每个考场都是两个年级学生交叉坐，如我监考的第二场数学。这个考场二年级学生22人，五年级学生23人，共45人，不大的教室坐得满满当当，由我一个人监考。

走进考场，孩子们已经按照门上贴的考场安排表和自己的考号对号入座。分年级发了试卷，强调要写上学校、年级、姓名及考号。在巡视中，我逐个检查了以上几项，孩子们均已正确填写，看来他们已经熟悉考试规则。接下来，考试开始，孩子们开始认真答卷。

四五十分钟后，有部分孩子开始坐不住，有五年级孩子开始给二年级孩子帮忙。我严肃强调了考场纪律，孩子们一下子静下来。我心里想，农村的孩子就是听话，几句话便能管用。一会儿老校长下楼来转，说这样交叉坐，低年级孩子总会沾光，再加上学生拥挤，成绩也可能会不真实，这样倒不好。再者，只设四个考场，只有四个人监考，老师们心里也不平衡。如此这般说了几点对考试的意见便走了，我觉得他说得挺在理。

学区刘校长和赵校长巡视完之后，驱车去铜水小学巡考。因为袁坝刚修了路，还没有投入使用，二人又返回关坝。中午招待两位学区校长，学校里两位女老师专门做饭，大家一起吃饭，很热闹，饭菜也比较丰盛。

集中阅卷

5月10日　星期六

昨天期中考试刚刚落下帷幕，今天阅卷工作就紧锣密鼓地开始了。早上不到8点，我们全校九名教师便乘坐着摩托车来到喜集九年制学校，同一学区其他学校的老师也陆续到了。因为是同一学区，老师们彼此都很熟悉，一见面就在院里热情地寒暄起来。

8：20，有老师喊："进教室啦！"三十多人坐在一间教室。学区校长先组织大家召开简短会议，明确阅卷要求，要客观公正、认真负责。原则上实行回避制度，老师们不参与自己所在年级的阅卷。接下来，教务处老师开始念分组名单。老师们共分六个大组，每组阅一个年级的语、数试卷。我被分到六年级组，阅综合试卷。只有喜集学校六年级开设了英语课，学生人数也不多，所以只有两名老师阅英语试卷。

阅卷开始了。大家集中在一间教室，桌凳前后合并，流水阅卷。老师们既分工又合作，边阅卷边小声聊天，忙得不亦乐乎。

忙忙碌碌，一会儿工夫就到中午开饭了。大锅饭，馒头，鸡块炖洋芋，每人一碗。三十多人在阅卷点边吃饭，边愉快地聊天，热热闹闹，跟过节似的。

吃完饭，顾不上休息，擦了桌子继续阅卷。

下午4点多，有些组已经阅完卷了，老师们陆续回家了。

静等成绩公布吧！

期中考试后

5月11日　星期日

晚上吃完饭，已经8点多了，约小高一起出去散步。他正趴在桌前分析期中试卷，一脸的忧心忡忡。

边散步边聊天。六年级共36名同学，王校长教的语文及格学生31人，而他教的数学只有17人及格，这给了他很大的压力。他弄不明白为什么他下了那么大的功夫，学生的成绩总是没有提高，而王校长的语文成绩却提得那么快。他很自责，他说自己教的数学学生成绩差，影响了学校的声誉，否则关坝小学总成绩可能会排在前面。他一个劲儿地埋怨自己，说自己对学生太宽容、太客气，学生才没有好好地学数学，把主要精力用到了语文、综合课学习中，因为学生最怕王校长的板子。他还说，王校长也不止一次地提醒他，学生不学习就得用板子。听着他的诉说，我也很难过。

我努力地安慰他，一次考试不算什么，只要咱们认真负责，心血不会白费，汗水不会白流，再说棍棒下的教育毕竟是简单粗暴的，教育哪能是这样简单的方式就能做好的？他不再说话，我也看不清他的神色，因为夜色已经黑得我们即使面对面，也无法看清对方的脸。我很想再宽慰他几句的，但不知不觉已走到楼下，便默然地走回各自的房间。

我心里久久不能平静。

多好的年轻人！无论是待人还是对工作他都没有什么可挑剔的。我刚来时听过他的课，精神饱满，声音洪亮，思路清晰，好像浑身总有使不完的劲儿。他的课学生那么喜欢，他的课表排得满满当当，四年级语文、六年级数学，还有美术、音乐等课程，还兼六年级的班主任。问起这么多课累不累，他总是笑着说："习惯了！"每天晚上他总有批不完的作业和试卷，再不就是备课，钻研数学难题。

常言道："天道酬勤。"他付出了那么多辛劳和汗水，可学生成绩偏偏不见长进，难道真的是缺少棍棒教育？我不知道如何安慰这个年轻人，很担心这样的考试成绩会挫伤他的工作积极性，担心他也会拿起棍棒作为教育学生的法宝。

　　我不知道。我很担心。

特殊日子的校园纪事

5月12日　星期日

今天是一个特别的日子：5·12汶川地震六周年纪念日。一早就听见王校长厉声训斥学生和学生挨板子的声音，一声高过一声，我的心揪得紧紧的，心里很不是滋味。

下自习后，在楼道里碰到了校长夫人王老师，她很赞同王校长的做法："对的，学生就要打呢，不打不学。"我无言以对。

吃过早点去给学生上课，迎面碰到了小高，他臂下夹着学生试卷，手里拿着一根宽竹板。见他一脸的严肃，我不知道说什么好。

上午，整个校园似乎也失去了往日的欢乐，与这个日子的气氛如此契合！

午间休息时间，在二楼办公室，王校长主持召开了全校教师会议。首先把袁文文原来的带课任务做了重新分配，王校长主动承担了四年级的数学，音乐、美术、品德等课程重新做了安排。张文博老师给大家发了新的课程表。校长夫人王老师提出，她的二年级和学前班两个班的语文教学任务有些重，话没说完，王校长铁青着脸说："四年级数学你能行？你看我的课程表有多少节课！"一句话噎得王老师再也说不出话来。

没有人再出声，气氛凝重得让人窒息。"我带四年级数学课。"这句话几度在我嘴边徘徊，却始终没有说出来。

接下来，王校长对本次期中考试做了简单反馈，他表扬了一年级语数总评学区排名第一，但语调里听不出丝毫高兴。他要求大家一定要严抓教学质量不放松，必要的时候要"收拾"学生，但要注意分寸。

会议的第三点，强调要自觉做好党的群众路线实践活动学习笔记。张文博老师补充了一句，导学案要按时上交。

整个会议不到20分钟，散会。

老师们都去跟午自习了，办公室只剩我和老校长两人。我仔细看了看刚才王校长开会时拿的打印材料，一摞材料中有全学区所有学生的本次测试成绩。经询问老校长才知道，汇总成绩是按及格率、优秀率和平均分三者之和做的排名。全学区共有喜集、羊咀、关坝和铜水四所完小，还有灯塔、牛二、四坪、何胡四个教学点，袁坝教学点没有出现在汇总表里，原来五名一年级学生也算到了我们关坝小学。我所带的三年级语文及格率50%，优秀率31.8%，平均分56.1，单科总评137.9，在四所完小中排名第二。看着排名第一的铜水小学，及格率75%，优秀率41.7%，平均分72.6，总评189.3，相比我确实有很大一段差距。我清楚地知道，我班上的五名学困生，我的五个"大南瓜"、雍婷婷0分、雍文波4分、王利平6分、王丹丹15分、刘旭杰19分，我是无论如何教学也提不到60分以上的。按照张文博老师说过的，50%的及格率就算正常。对比一下，及格率刚好达标，优秀率、平均分略有提高。

我只能安慰自己：在支教生涯中，默默耕耘，播撒希望，让每个孩子都能有所进步、有所提高，聆听花开的声音，感受生命的拔节，如此足矣！

若非如此，不是孩子们把我逼疯，便是我把孩子们逼疯。

游仇池山（续）

5月13日　星期二

今日平静度过。提起笔，似乎没有什么特别的东西可写，索性对4月27日游仇池山的情景再叙。

远观伏羲仙崖，孤峰突起，果然如仙人直立，面向崖下眺望。坐在老人屋前歇息，他为我们专门烧了一壶开水，便饶有兴趣地为我们介绍起仇池山。它是古仇池国所在地，山上的八沟十坡中有仇池八景——小有洞天、八仙上寿、伏羲仙崖、洞油神鱼、麻姑山洞、金龙戏珠、石勺奇潭、无根之水等以及玉泉洞、汪猴洞、峰崖洞、骆驼洞等古洞，构成了仇池山"峰、泉、云、洞、石"五绝的特有美景。

看看时间已经下午4：30，其余六景不在同一地点。"仇池百顷田"，两腿已发软，只好坐等下山的车。热心的老人打电话给一位司机师傅，正巧有一拉砖的大车正在山上卸砖，等半个小时便可下山。两个小孩早已和老人的小孙子玩得火热。心下盘算，5点下山，到山下时也应该到5：30了，没有车可如何回去？打电话给王校长，他说没什么，找了一辆摩托车来接我们。

好不容易挨到5：00，还不见拉砖车来。老人又打电话催促司机师傅，终于，5：10时"专车"驶来。谢过老人家，吃力地爬进驾驶室，车子便开起来。

司机是个40多岁的师傅，很健谈，听说我们是兰州人，竟脱口说起张宝和的相声来。坐在驾驶室，看着一个又一个的急转弯，感觉车轱辘就悬在路边，像撺在心尖上，我真是捏了一把汗。山路又窄又陡，司机操作娴熟，依然不时说笑，我只有硬着头皮应声。

终于到了山下，谢过司机师傅，走在马路上，长长舒了一口气，抬头仰望仇池山，感觉就像坐了一回过山车。

沿着公路往回走了不到半小时，见王校长骑着摩托车迎面驶来，同行的还有关坝小学小郭的哥哥，是喜集九年制学校的老师。

郭老师骑车带着两个孩子走在前面，王校长带着我和妻子走在后面。车行了不到10分钟，速度慢下来。下车一看，后车胎爆了。王校长歉意地说来的时候太匆忙，也没顾上看轮胎，我们两口子也很尴尬。本来就给人家添麻烦了，这前不着村后不着店，车胎又瘪了，该如何是好？王校长安慰我们说："没事，你们慢慢往回走，我先凑合着骑着往回走，找一个补胎的地方。回头来接你们。"

王校长骑着车慢慢消失在我们的视线中，我们两口子尽量迈开大步往前走，因为天色已渐渐黑下来。周围静悄悄的，只听见我俩走在石子路上发出的"嚓嚓嚓"的声音。忽然，路边树上飞起一只大鸟，扑闪着翅膀飞走了，我们两口子惊得差点叫出声来。看着路两旁高大的山峰，黑黢黢的影子，真有那种身处荒郊野外的感觉，我俩不知不觉中加快了步伐。

忽然，身后响起车轮声，回头看，见有一辆小面包车从后面驶来。我们急忙招手拦车，车子慢下来，司机抱歉地说，车上装着东西，实在坐不下。就在我俩失望地站在路边不知所措时，车子在前行了10多米之后又停下来。司机探出车窗招呼我们上车。像突然间拾了一根救命稻草，我俩快速撺上去上了车。车上放了三四盆大盆景，我们小心地挤进车里。坐在副驾驶位置的一位女同志说，这离喜集远着呢，真要步行回去，恐怕得两三个小时。千恩万谢之后，我们赶紧给王校长打电话。他听说我们已经搭乘了一辆顺风车，如释重负，说不用管他，他补好车胎就回来了，我们很是内疚。

等车开到喜集已经快8点了，要给司机师傅钱，他婉言谢绝，我赶紧下车在路边小卖部买了两瓶饮料递进车窗。从喜集到关坝还有6里路，好在路比较熟。刚走过小桥，后面驶来一辆小轿车，一招手，车子便停下来。就这样，我们又搭乘顺风车回到了关坝，天已经完全黑下来。再打电话给王校长，他说车胎已经补好了，他正在回来的路上。两个孩子已经在小高那儿吃完了晚饭，我们两口子顾不上休息，赶紧做饭。想来王校长一定饿坏了。

仇池山一游，此生难忘！

顶 课

5月14日　星期三

今天早上，校长夫人王老师有急事请假，我代她给二年级上了一节语文课。学生告诉我，该学习《如果你在野外迷了路》一课，说生字已经学过了。让孩子们读课文时，他们却结结巴巴读不下来。从指导读正确、读流利到理解课文大意，中间穿插识字，一节课讲得很是吃力。

就这样，从早上起床到中午放学，连着上了四节课，声嘶力竭，心里更是感慨农村老师的辛苦。

下午第三节课后，不知道是哪个调皮的孩子在喝完水之后拧坏了水龙头，水"哗哗哗"地流。王校长刨开埋总阀的几块砖，趴在地上，这才关了总阀。王马厚老师找来了工具，开始和王校长一起换水龙头。

上课铃声响起，我便跑去六年级教室给王校长顶课。孩子们已进入总复习，用的是学区统一购买的复习资料。随手翻阅，从拼音到字、词、句、段、篇再到模拟测试卷，很是全面。我便开始领着孩子们复习拼音。之前给六年级孩子们上过拼音课，但他们从未像今天这样茫然，第一题的按音序给汉字排序就一下子难住了他们。我先领着孩子们给汉字注拼音，然后一一对应写出音序，再复习大写字母表，最后给汉字按音序排序。接下来，复习平舌音、翘舌音、前鼻韵母、后鼻韵母、整体认读音节、零声母等知识点，班上除了个别同学以外，其他均像从未听说过一样，连基本的标调规则他们都是很模糊的。我只有完全把他们当作一年级的孩子去教。班上36名十二三岁的孩子就这样像刚入学的孩子一样跟着我拼读，跟着我念，跟着我学。孩子们低年级时拼音没学好，识字成了问题，到这个时候只能恶补。难怪王校长有一天生气地说，他们当中有人竟然把"zh"读为"r"，真是欠打！唉，仅凭板子有用吗？他们对于拼音学习确实几乎是空白，那就只好慢慢补上他们落下的这些课了。

下课铃声响起时，一张复习卷我只领着他们做了大半页，黑板上写得密密麻麻。我不知道我这样的补救孩子们究竟能掌握多少，或许只是在他们心里漾起一层涟漪，很快便会消失。但我愿意付出努力，因为我相信，在学习的过程中，每一个孩子都是专注的，也是愿意学好的。

支教60天

5月15日　星期四

时光荏苒，往事如风。不知不觉，从3月15日踏上支教的路，到今天已整整两个月。

回首这60个日子，多少喜怒哀乐，几多酸甜苦辣。一路走来，虽不曾惊天动地，但叫人刻骨铭心；谈不上硕果累累，但也收获颇丰。身居僻壤，条件艰苦，粗茶淡饭，瘦了身形，却着实丰富了阅历，让精神富足。很想在这个特别的日子写下一段特别的文字，以纪念某个特别的人，抑或是记录某件特别的事。信手翻阅篇篇日志，往事桩桩件件，历历在目。

电话响起，是母亲熟悉的叮咛，父亲在一旁不时地补充，唯恐母亲遗忘了打电话之前想好的话语。女儿终于等不及母亲的絮叨，抢过电话开始向我汇报她近期的学习情况。

蓦然间，心头既温暖又有些酸涩。我年近古稀的双亲，我11岁的女儿，我的娇妻，我的亲人们，只愿你们照顾好自己，我便安心。

支教的路上，一路阳光，一路芬芳，播撒希望，收获的必将是幸福。

夕阳随想

5月16日　星期五

又是一个周末。

热闹的校园在这周最后一次铃声中慢慢沉寂，再也没有一下班就赶着做饭的热情，仿佛整个身体都被掏空，慵懒而疲惫。

站在教学楼上，望着空荡荡的操场，静听自己的心跳。袅袅炊烟升起又渐渐淡去，犹如慢慢弥漫在心间，挥之不去。背井离乡的寂寞孤独，在此刻像野草一样在心田疯长，思乡之情愈发地激荡在胸口，仿佛有千言万语要倾诉给家人，但终究没能按下电话按键，只好把嗓子眼的话语咽下。料想电话那头也有如我一样焦灼的心，不忍让自己的伤感再蔓延。等自己调匀了呼吸，等家人饭后散步，再告诉他们我在这里很好。

看着夕阳一寸寸地挪向西山，告诉自己出去走走，或许能寻求些许孤寂中的慰藉。

走出校园，不再走往常熟悉的公路，怕碰到热情的村民攀谈。走在河坝里，沿着溪流逆流而上，水流时而宽，时而窄，时而缓，时而急，流水声也时时变换着调子。林间，有一种叫不出名字的鸟，发出"嚓嚓嚓"的叫声，似乎在嘲笑我的多愁善感。

夕阳的余晖洒满山坡，一片灿烂。这才发现金黄的油菜花大多已经悄悄褪去，孕育着颗颗菜籽；葱茏的麦子已经抽穗，麦芒上滚动着灿烂的阳光。山花烂漫，悄无声息地为大地编织着美丽的花环。一朵朵野花，或淡或浓，虽娇小玲珑，但都热情绽放，连每一片叶子都在颤动，都在极力展示着自己的勃勃生机。

都说："夕阳无限好，只是近黄昏。"君不见，眼前的这些花草树木都不曾懈怠生长，即使是天边的云霞也在尽情演绎着自己存在的意义，而你，又怎能这样戚戚然地面对如此美好的景致？

恍恍惚惚中，我也化作一朵山花、一株小草，在夕阳余晖中摇曳。

洗 澡

5月17日　星期六

午睡中，有人敲门，开门，竟是袁育龙。

"曾老师，今天天气好，你上我们家去洗澡吧！"孩子一进门就说。

眼前这个跟我一般高的六年级的大孩子汗涔涔的模样，真是叫人又爱又怜！

一个月前，就是他和袁旭超带着我去峡口游玩，后来天气骤变，暴雨倾泻而下，幸亏在他家避雨，否则荒山野岭的，我们一定会被淋成落汤鸡。就在那天，我看到他家有专门的浴室，是太阳能的，还装了浴霸，随口便说："你家浴室比镇子上的浴室讲究多了。"孩子当下便说："那以后你想洗澡就到我们家来洗吧。"

转眼间已过去一个月了，洗澡的事儿也只是随口说说，没想到他竟记得。真是个有心的孩子！

问起洗澡的事儿有没有跟他奶奶说，他笑着说："早就跟奶奶说了，今天就是奶奶让我来叫你的。前几个星期周末总下雨，有时候家里也忙，就没来叫你。"

看着孩子如此真诚，我就收拾了东西，跟他一起出了门。路过菜铺子时我买了一些蔬菜，权当一点心意。

炎炎夏日，太阳炙烤着大地，沿着公路走，没有一点阴凉。20分钟的路，着实走出一身汗来。

再次走进袁坝，走进心中的世外桃源，倍感亲切。绕绕弯弯，到家了，袁育龙掏出钥匙打开门上的锁。院墙上的迎客松图案映入眼帘，真有宾至如归的感觉。袁育龙告诉我，奶奶去地里干活了。当我提出一起去地里帮奶奶干活时，孩子害羞地说："我不会，你肯定也不会，奶奶也不会让我们干。"

闲谈中知道，孩子在去年年底刚做过疝气手术，还不能干重活。父母外出打工，奶奶很疼他和哥哥，只希望他和哥哥好好学习，地里的活基本都是她一个人干，忙不过来的时候村里也会有人帮忙。

孩子写作业，我去洗澡。尽管屋外艳阳高照，但浴室内还是凉飕飕的。开了浴霸，痛痛快快地洗了个热水澡。

洗了澡，收拾好浴室，我便开始给他辅导功课。看着他和哥哥满墙的奖状，夸他俩真争气，孩子腼腆地笑了。这次期中考试，他的语数和综合三门功课都在80分以上。孩子属兔，同龄的孩子应该上初三了，问起他上学怎么这么晚，孩子不好意思地说，小时候不好好学习，一年级就上了三年。好在年龄大懂事了，知道学习了。像他这样三科均为优秀成绩的学生，班上只有三个人，学区也不多。家庭作业他早就做完了，开始做他爸爸给他买的《尖子生训练》，上面有不少难题。孩子确实很聪明，很多题只是一点拨，他马上就能反应过来。一个钟头的时间，我帮他解决了很多难题。

就在这时候，他奶奶回来了，又是忙着沏茶，又是要做饭。我哪里好意思再留下，便婉言谢绝。老人再三挽留，见我执意要走，便嘱咐我常来，又叫袁育龙送我出了村口。

走出袁坝，感觉自己像回了一趟家一样。

山 雨

5月18日　星期日

傍晚时分，雨淅淅沥沥地下起来。很想雨中漫步，又怕大雨来袭，出校门没走多远，便折身回校。刚上楼，雨点便大起来，打在楼下那一堆建筑材料上，"叭叭叭"地直响。天地间像笼上了一层薄纱。袅袅炊烟在屋顶飘散开来，化作烟雾笼罩了村庄。

"山雨欲来风满楼。"风刮起来了，呼呼地响。紧接着，倾盆大雨夹着风狂暴地倾泻而下。

雨越下越大，一会儿像拿盆子往外泼，一会儿又像用筛子往下筛。狂风卷着大雨，像无数条鞭子狠命地抽打着大地。操场平地汇成河流，卷着地上的泥沙从校门口涌出。一道道闪电划破长空，沉闷的雷声如同大炮轰鸣，使人惊恐。雨神宛如听到信号，撕开天幕，把天河之水倾注到人间。暴雨咆哮着，肆虐地发泄着。顿时，天昏地暗，仿佛世界已到末日，天空将要崩塌。

持续了半个多小时，暴雨终于渐渐平息。雨点小了，雨声轻了，像低声饮泣，似乎在为它刚才的歇斯底里轻声忏悔，就像在抚慰大地万物因为它的暴虐而受伤的心灵，抑或是它也疲惫地将要昏昏睡去。

夜幕降临，整个村子沉静下来。

笔记本电脑进课堂

5月19日　星期一

今天学习《我家跨上了"信息高速路"》。课文描写了"我"的一次上网经历，让我们在领略网络魅力的同时，了解网络的特点和作用，真切感受现代科技带给人们的便利。选编本课的意图是让学生了解互联网的基本知识，引起学生对网络和现代科技的兴趣，同时体会文中描写情绪的词语的表达效果。课文内容有趣、角度新颖，名为讲述上网经历，实为介绍网络知识，中间穿插"我"爸爸妈妈的讲解，使得深奥专业的网络知识介绍变得浅显且有趣味。但这样一篇课文拿给这里的孩子们来学习时，他们完全没有概念。他们大部分没有出过村子，极个别到过县城，高速公路是什么样子，他们没见过，信息高速路更是闻所未闻。有很多孩子连电脑都没见过，更别说网络。

鉴于以上考虑，在初步读通课文之后，我带领着孩子们来到了我的办公室。带着像去看电影一样兴奋的心情，孩子们悄悄上楼，一进办公室，就按捺不住激动的心情，开始叽叽喳喳起来。当我打开笔记本电脑时，有学生嘀咕："曾老师的电脑怎么是这个样子的？"我笑着问他："那你见过的电脑是什么样子的。"孩子红着脸说："我见过的电脑就像电视机一样。"孩子们都笑了。

我告诉他们："他说的没错，像电视机形状的是老式的台式电脑，现在大部分用一种薄一些的显示屏。老师用的这种电脑像笔记本一样，所以叫笔记本电脑。"

"你们看，我们现在就上网去看看电脑有哪些种类。"我移动光标放在互联网图标上双击了一下，网络开始链接。

"我们马上就要跨上信息高速路了！"孩子们安静下来，睁大眼睛看着显示屏。

我在百度页面输入"电脑种类"进行图片搜索，台式笔记本、掌上电脑等一下子呈现在孩子们面前，他们感叹不已。

接下来，我又输入"卡通头像"，百度图片中一张张可爱的卡通头像便映入眼帘。孩子们更是惊叹不已。

"你们想看谁，我们就能搜到他的头像。"我想让他们说出他们最想看的卡通人物。

"孙悟空！"一个孩子抢着说。

我便输入"孙悟空"，一回车，各种姿态不一、情态各异的悟空便呈现在眼前。

"再看看猪八戒！"又一个孩子说。

"八戒马上就跟大家见面啦！"我故意扯长了声音。

我的情绪无疑也感染着孩子们。他们挤着身子往前站，霎时间，各种憨态可掬的八戒又占满了视窗，孩子们嬉笑起来。

"看到这儿，你们对电脑网络有什么感受？"我想把他们引入课文情境当中。

"网络真神奇！"、"它的内容太丰富了！"、"真有意思！"……孩子们七嘴八舌地说着。

"是啊，网络上不光有我们喜爱的卡通图像，还有新闻、音乐、电视、电影等，它还可以网上购物呢！"说着，我点了一下淘宝网网页，转到了淘宝网页面。

"想买什么呢？"孩子们一下子静下来。

"快六一了，我们买顶帽子吧！"我提议。

我输入"儿童帽子"，一回车，页面转到了帽子店铺。

"哇！"有孩子惊叫起来。

然后我关了网页，登上了QQ，消息盒子正在闪动，原来是兰州师范附小乐园群里有人在交流。

"这是腾讯QQ，是一款互联网下的通信软件，可以进行文字、语音、视频等多种方式的聊天。这是我们原来学校老师们的一个QQ群，大家可以一起聊天。"

说着，我在附小乐园群对话框里输入："老师们，大家好！"点击发送。很快有老师回复："曾老师好！"同学们惊叹起来。

"看，网上沟通多么快捷，这节省了我的电话费。它还可以视频聊天呢！"

……

　　丁零零，下课铃声响起，孩子们意犹未尽。我要求："用课文中一个词来形容你们此刻的心情。"

　　"恋恋不舍！"孩子们异口同声地回答。

　　"今天我们用到的只是网络功能的一点点，网络还有很多很多用处呢！"我用课文最后一句话结束了今天的课堂，"等有机会，我们再来了解，好吗？"

　　"好！"孩子们齐声回答，不舍地离开了我的办公室。

　　我想，孩子们今天在我办公室看到的，一定比他们从书上读到的更形象、更直观、更立体。在和网络的接触中，他们也随着文中"我"的心情在变化。如果能带着课本来，相信他们一定会读得更投入、更富有感情。我为什么不把我的笔记本电脑带入课堂，让他们的学习更有趣味，以此激发他们学习的兴趣、提高学习的效率？

　　我决定尝试现代化的教学手段，不再仅靠一支粉笔、一张嘴来进行教学。

瓢子就要熟了

5月20日　星期二

今天，王校长去县城了。我帮他上了一节六年级的语文课，两节四年级的数学课，加上我的四节课，我一天上了七节课。虽然有些疲惫，但看到孩子们听话乖巧的模样，看到他们一双双渴求知识的眼睛，一天的辛劳也算值了。

晚饭以后，站在楼上眺望远处，一群孩子正在河滩上弯腰捡拾着什么，嘻嘻哈哈，好不热闹！

下楼走出校门，走下河坝，跨过小河。有孩子开始喊"曾老师！"，大的、小的便都直起身来喊着"曾老师！"。问他们在干什么，他们举起手来回晃着，"瓢子"。

走近一看，终于看清是一种类似草莓的野果子，或红或白，小小的，如黄豆粒般大小。孩子们有的拿着小桶，有的索性脱下帽子，还有的边摘边往嘴里送，咂巴着小嘴巴，一副很享受的样子。

采瓢子

"怎么不洗洗就吃呢？"我忍不住问。

"好的！"有个孩子说。我猜想他的意思是不用洗，干净着呢！

"曾老师，你尝一个。"有个稍大一点的孩子从帽子里拣了一颗大的递过来让我尝。小家伙们好奇地看着我。

我接过来用嘴巴吹了吹便放进嘴里，有点酸、有点涩，想必还没有成熟。孩子们"咯咯咯"地笑了，好像他们也尝到了味道。

河滩里沟沟坎坎，荒山荒坡，一眼望去，密密匝匝，白花花的一片。孩子们说，那些白花一落就会结出更多的瓢子了，而他们摘的正是早熟了的，叫馋瓢子。

馋瓢子！真是一个有趣的名字。大概，正是为这些馋嘴的孩子所生。低头细看，藤蔓上挂着好些个扁豆粒般大小的深红色的小果子，得等到它们再长大一些，颜色变白了才能吃。如果说城市里的草莓个大色鲜，丰富了人们的餐桌，满足了人们的食欲，那么陇南山坡，河滩上的瓢子就是一种风景，更是一种收获的喜悦。它装点了乡村风光，陪伴了这些孩童，丰富了他们的童年。

回来后把孩子们摘瓢子的事告诉了王老师，她笑着说："瓢子，我们也叫野草莓。五月里五端阳，瓢子黄到半山上。每年一到端午节前后，满山满坡的瓢子，赶趟似的，一茬接一茬地黄了，妇女小孩都会拿上家什去摘，集市上也会有卖。"说起瓢子的味道，她说吃瓢子也有讲究，刚摘的瓢子酸味较浓，用清水浸泡后，滤去水分撒上白糖吃起来就好吃了。如果放在冰箱里冷藏一下，味道会更甜、更鲜美。

"五月里五端阳，瓢子黄到半山上。"我一定不能错过摘瓢子的好时节。珍珠似的瓢子缀满山坡，感受亲近自然之乐趣，品味玉液珍馐，一定是一件美事！

很期待端午节到来！

有一种爱叫距离

5月21日　星期三

下午一放学，王校长就来找我，一副忧心忡忡的样子。他希望我能帮他上周四的课，他儿子雍强生病了，班主任打来电话说他儿子今天又没去食堂打饭吃，他中午专门去儿子所在中学——西集九年制学校给儿子送了几个包子，儿子竟然也没吃。他明天要带儿子去县城医院检查一下。

正说着话，校长夫人来了。她说她刚才去学校看望儿子，儿子正在打篮球，活蹦乱跳的。

几天没有好好吃饭了，他哪来的精神呢？我们都很纳闷。但不管怎么说，孩子不好好吃饭还是让人担心。王校长骑摩托车去接儿子了。校长夫人向我说起了孩子从小体弱多病，有疝气，不能惹他生气，因此很多时候都是顺着孩子的心意，尽量满足他提出的合理要求。小学的时候，孩子成绩很优秀，上初中时送到了县城的汉源中学，结果成绩下滑厉害，被劝退学，不得已在一年之后将孩子转到了喜集中学，这样离得近也好监管。但孩子对学习越来越不上心，现在读八年级的他在今年的期中考试中各科总分500多分，好学生要考到900多分。期中考试后，他就隔三岔五不到食堂打饭吃，总是说不饿。

听着听着，我终于理清了眉目，其他孩子都是自己做饭吃，而雍强则因为是教师子女在教工食堂吃。孩子说自己不饿，不去食堂打饭，是否与这次期中考试成绩有关呢？我把这种猜想说给校长夫人时，她思忖了片刻说："不会吧，刘校长特别关心雍强，他的班主任对孩子也很操心。"我更加肯定我的猜测，正是因为老师们对孩子太多的关爱才使得孩子感觉有压力。成绩下滑后，他更不好意思面对这些给予他关心与厚望的老师。因此，他选择了逃避。

说话间，王校长已经骑着摩托车把儿子从学校带回来了。小伙子个头比我略高一些，看见我腼腆地笑一笑，叫了声"叔叔"就不再言语。

我借故让他给我帮个忙，将他带到我的办公室。进了门，招呼他坐在椅子上，他茫然地看着我不说话，似乎在问我有什么忙可帮。我笑笑说："其实也没什么可做的，我想让你陪我说说话。"他脸一红，听话地坐到了椅子上。

我随意地聊起了我的支教生活，说起每天做饭洗锅，真是麻烦！他静静地听着。

"要是下学期学校的食堂开起来就好了，我就不用天天围着锅台转了，你说呢？"我慢慢地转入正题。

"自己做也有好处！"他开始说话，"你想吃什么就可以做什么。"

"你们学校的食堂饭菜怎么样？"我问。

"挺好的！"他笑笑说。

"那这几天你怎么不去灶上打饭呢？"我直入主题。

他一下子脸红了，说了一句："不饿。"

我知道他这是本能的自我保护。

"那你早上吃了什么呢？"我紧追不舍。

"营养餐。"他回答问题一向简洁明快。

"那怎么行啊？你正在长身体，如果饮食跟不上，就会影响身体发育，甚至会影响学习。如果总是隔三岔五不吃饭，身体吃不消不说，还可能会引起胃功能的萎缩。"我尽力将我知道的讲给他听。他不再言语。

"听说你不吃饭，你爸妈都急坏了，你爸打算明天请假带你去县城医院看一看。"

"我不去！"他的语气很坚决。

"生病了就要及时看医生，你是你爸妈的宝贝疙瘩，你想急死他们呀！"我要戳到他的心里去。

"我没病。"他的脸又红了。

"你确定自己身体没有任何问题？"我又问他。

"嗯！"他低下了头。

"既然身体没有问题，那就是心理问题了。"我故意顿了顿，他抬起头来，看我的目光总是躲闪，"你是在回避自己！从期中考试后，每次吃饭，总有老师会问起你的成绩，他们越问，你越紧张，对吧？"

"就是。"他回答。

"我知道，对于这次考试成绩你也感到很意外，你也没有想到自己成绩下滑这么厉害，对吧？"

"就是的。"他开始抹眼泪。

我终于慢慢打开了他的心理防护门。

"人生会有很多考验,我们无法做到每一次都能稳操胜券。男子汉大丈夫,不要让一次考试打倒自己!相信自己,付出努力,你一定会迎头赶上的,你说呢?"

他抬起头来看着我,我想他开始信任我了。

"好孩子,身体是革命的本钱,别糟蹋自己的身体了,按时去吃饭,用心去学习,好吗?"我诚恳地给他建议。

"我想自己做饭。"他哽咽着说。

看来,他早已经有自己的想法。

"自己做饭很麻烦的。老师食堂里的饭菜质量又不差,干吗不去吃食堂呢?还是因为期中考试吗?"我开导他。

"也不全是,跟老师们在一起吃饭没有意思。"他开始打开话匣子,"同学们都是自己做饭,做熟了端在一起吃饭香。我也想自己做,我爸不同意。"

哦,我终于明白了,也知道要趁热打铁。

"那你今天中午为什么不吃你爸给你送去的包子呢?你是打定了主意,想用绝食的方法和你爸做斗争,是吧?"他不好意思地咧开嘴笑了。

他的小计谋被我戳穿了。

"你爸妈让你在老师的食堂里吃饭,还不是为了你能吃到可口一些的饭菜吗?还省去了做饭的麻烦。别的同学想吃都吃不到呢!"

"我就想自己做。我想和同学们一起生活。"孩子说着说着又开始抹眼泪,"和同学们在一起泡方便面吃都是香的。"

"那我尝试说服你爸爸。"我知道孩子很孤独。

"他不会同意的!"孩子失望地说。

"让我试试吧!不过这两天你得按时去食堂打饭,行吗?"

"能行!"他开始用手背擦拭着眼泪。

忽然想起我曾写过的一篇案例反思——《有一种爱叫距离》。人与人之间需要保持一定的距离,父母和子女之间也是如此。父母的许多教育行为,往往以爱的名义侵占了孩子的所有物理的和心理的空间,无形中束缚了孩子的心智,结果只会让孩子感到窒息。

跟孩子保持适度的距离,也是一种无声的爱和呵护。

附 同题教育叙事

有一种爱叫距离

——有感于"舅舅，你就把我当作一般的学生吧"

师爱不是给予和付出这么简单，它是一门艺术，是一种基于"爱学生"的教育艺术。

——题记

我们常说"没有爱就没有教育"。教育的一切都源于爱学生，"爱心"是孩子的阳光，是教育的绿色。教育从爱起步，由爱伴随，因爱结果。因此，我们太多地强调师爱。其实，很多时候不是我们教师没有把爱给学生，而是我们缺少爱的艺术。师爱不是给予和付出这么简单，它是一门艺术，是一种基于"爱学生"的教育艺术。如果不注意把握爱的"距离"，即便意图是好的，也很难有良好的教育效果。这使我不由想到自己，想到我对自己外甥失败的教育案例——

"舅舅，你就把我当作一般的学生吧！"听着他怯生生的声音，我大吃一惊。什么意思？为什么这么说？我满腹狐疑。看着他委屈的样子，我改变以往在他面前不苟言笑的模样，微笑着说："好啊，说说吧！"

"你不生气？"他小心地试探着。

"不生气！"我认真起来。

"你把我当作你的学生，别把我当作你的外甥，你就不会这么生气了。"他红着脸，小心抬起头，见我正注视着他，显得更加拘谨了，"我根本没有你想的那么聪明……"

我努力使自己平静一些、亲切一些，好让他能畅所欲言。

"上课时，只要你一看我，我就紧张得什么也不知道了。"

"你对同学们总是那么亲切，可对我……"

"我要不是你的外甥就好了！"

……

他如释重负地走了，我的心沉甸甸的。

他，我的外甥，一个小学四年级的小男生，聪明、活泼、好动，总是在别的老师转身板书时，冲同学们做鬼脸的"淘气包"，一个让老师们煞费苦心的"问题生"。我，他的小舅，这个班的语文老师兼班主任，一只让他胆战心惊的"老虎"。无论在哪儿见到我，他都是那么毕恭毕敬！我总是无法相信，他会像别的老师描述的那样。

"你就把我当作一般的学生吧！"这不正是说，"你没有把我当作一般的学生"吗？

是啊，我要不是他的舅舅，我就不会对他那么苛刻！上课时，我总在不经意间多扫他几眼，看他在干什么，听课了没有；有一般性的问题，总想提问他，看他掌握了没有。而结果，往往让人大失所望：看他坐得端端正正，却常常连我提的问题都不知道；大部分学生做完了作业，而他竟然还没有；别人10道题做对了6道，我竖起了大拇指，而他做错了4道，让我生气得不得了；别人犯了错误，我宽容、理解，期待他改正，而对于他，我怒不可遏，总会失望地责问他："你怎么这么不懂事？我怎么连你都教不好呢？"而且，每一次都是真的生气（有多少老师会为学生的一点儿错误真生气呢？）每每这个时候，他除了抹眼泪就不知所措了，而我则总以为我在课堂上重视他，又在家里辅导他，他是应该学好的……

为什么我会对他如此态度？就是因为我是他的舅舅。这一特殊关系，使我心理失衡，把他当成了"不一般"的学生：总以为别人会的，他应该会；别人不会的，他也应该会。在他面前，我全然失去了老师的宽容、爱心、耐心。一句话，没有了平常心。

"平常心"即"平常的心，平静的心"。作为教师，只有保持一颗平常心，淡泊名利，宠辱不惊，才能以清醒的头脑明辨是非，坚定立场，从全局出发，才能全心全意为学生着想，热爱每一个学生，包容学生，与学生做心与心的交流，充分信任学生，使学生在和风细雨中接受教师，达到润物细无声的效果，从而逐渐地帮助学生找回自信、超越自我。

学生是活生生的人，是动态的，是变化的，在学习生活过程中总会出现这样那样的问题，严重的话就是我们通常所说的"问题生"，而且因人而异，每个学生可能出现的问题也是不一样的。这就要求我们，保持一颗平常心，把爱洒向学生的心田，用爱心感化学生，并且由于学生的反复性，要耐心细致地做工作。不要期望太高了，期望高了，既不利于教师树立教育的信心，也不利于学生树立改过的信心。

孟子说："人恒过，然后能改。"对待好学生也好，对待"问题生"也罢，教师都要有一颗平常心，公平地对待每一位学生，为他们的进步而骄傲，为他们的成长而自豪。对他们的过失，公平地去对待、化解和消除，尽心尽力地帮助他们逐步纠正。教育本是一项长效性的工程，对待"问题生"的教育更不可能一蹴而就。严格要求与悉心呵护并不矛盾，纪律要求是必要的，但可以降低一定的标准，让他跳一跳能够到树上的苹果，既不是触手可及，也不是高不可攀。让他们通过适当的努力就能够达到，逐渐引发他们的兴趣，这对培养他们良好的学习和行为习惯、引导他们逐步步入正常的学习生活是有益的。在具体的教育过程中，教师要像真正的朋友一样去细心地发现他们身上的每一处闪光点，哪怕是微如萤火，也要细心呵护，并能引导他们逐步将之发扬，引发"燎原"之势。绝不能把"问题生"当成"犯错误"的人严加看管，或者揪住他们身上的一些毛病不撒手，"好心"地经常"提醒"，唯恐"优点不说跑不了，缺点不说不得了"，使他们动辄得咎，无所适从，这样做只会让他们远离集体、远离学校、远离友情甚至亲情，最终产生厌学情绪。想想这些，我惭愧不已！我自以为在他身上下了很大功夫，课堂上紧紧盯着，家里牢牢不放，还常常自以为是："你条件这么好，为什么就学不好呢？"殊不知，正是因为我的"特殊关照"，才把孩子推得老远。

细细想想，有多少教师不正是因为这一点而教不好自己的子女吗？老师们常常抱怨：我能把班上的某某同学转化，为什么就单单对他（她）没有一点儿办法？原因就在于老师们在面对自己孩子时没有了耐心，没有了平常心。一句话：没有把自己的孩子当作一般的孩子。总是觉得，自己是老师，自己的孩子没有理由学不好。因此，在潜意识中把孩子放置于"不一般"的位置，在无形中拔高了自己对孩子的期望。

"老师，你就把我当作一般的学生吧！"这是学生对公平教育的呼吁。公平的基本标准应当是让每一个孩子都能平等地接受良好的教育，他排斥歧视性，即使是你"过多地关注"也不行！

这让我又想起一则寓言故事：一个瓦罐和一个铜罐在河里漂浮，顺流而下。铜罐对瓦罐说："挨着我，我身强力壮，可以照顾你。"瓦罐回答说："谢谢你的好意，那恰恰是我不愿意的事情。如果你离我远点儿，我会平平安安地漂下去。如果撞了你，我就会被碰碎的。"

这无疑说明，保持合理的距离是必要的。有一种爱叫距离，希望我们教师能尊重学生的独立人格，让每一个孩子在属于自己的天地里自由生长。

营养早餐

5月22日　星期四

上完早自习，刚回到办公室准备吃早点，班长打了声"报告"进来，递给我一份营养早餐。一根火腿肠，一盒牛奶，一块蛋黄派。问其缘由，原来是班上袁鹏飞同学今天请假了。

一份免费早餐还没吃完，第一节课上课铃声响了。

放下早点，疾步走进教室，见不少孩子还鼓着腮帮子吃早点呢！这才想起课间10分钟各班班干部到三楼营养室领取早餐，回到班上发给每一个孩子，再加上孩子们爱玩的天性，边吃边玩，10分钟的时间，显然有些紧张了。早上，他们来得那么早，早读时间又那么长，孩子们一定饿了。

我想找个时间向王校长反映一下，看能否把早餐时间放宽裕一些，既让孩子们尽享这份营养早餐，老师们也不用那么紧张了。

PPT，一缕阳光

5月23日　星期五

今天学习《太阳是大家的》，我将笔记本电脑带到了教室。当打开PPT演示文稿时，孩子们睁大了眼睛，既新鲜又兴奋。为了让孩子们看得更清楚些，我让后两排同学拿着板凳和前两排同学挤在一起。好在全班只有23名同学（期中考试后班里又转进来一个同学），孩子们很快落座。小小的电脑屏幕像一块磁铁，吸引着他们的眼球。从谜语导入、初步感知到认读词语、朗读指导，孩子们都很投入，格外用心。毫无疑问，多媒体课件极大地激发了孩子们学习的兴趣，注意力更集中了，自然省时高效了。

尤其是第二小节的拓展训练，想象太阳一天的活动，一张张图片给孩子们提供了感性的素材，打开了他们的话匣子。当他们看到太阳照着关坝河畔，照着河滩里的小河、沟沟坎坎上密密匝匝的小白花，他们开始情不自禁地叫起来——"瓢子"，他们惊叹自己的照片也会出现在电脑里。在接下来的仿写练习中，孩子们沉浸在表达的喜悦当中，有孩子这样写道：

> 一天中太阳做了多少好事：
>
> 它把金光洒在花园里，
>
> 花朵开得更艳了；
>
> 它把金光洒在草地上，
>
> 草儿更绿了；
>
> 它把金光洒在树林里，
>
> 树木长得更高了；
>
> 它把金光洒在油菜花地上，
>
> 金黄的油菜花像铺了一地的金子；
>
> 它把金光洒在小河上，
>
> 河面亮晶晶的；

它把金光洒在河坝里，

瓢子一天天成熟了；

……

读着同学们一篇篇生活化的小练笔，我心里充满感动。多么可爱的一群孩子！只需一缕阳光，便如此灿烂！

寄情山水

5月24日　星期六

今天，天终于放晴。太阳露出了久违的笑脸，我健步走在去喜集的路上。葱绿的麦田中，麦秆举着饱满的麦穗，昭示着即将丰收的喜悦。油菜籽争先恐后冒出头来，意气风发。零零星星的油菜花在风中摇曳，似乎在向你炫耀它还是菜籽地里的单身贵族。河坝里，孩子们正埋头采撷瓢子，一些大人正拿着长竹竿背着竹篓捋槐米。静谧的山野，阡陌纵横，空气中弥漫着山花的清香，充满收获的喜悦。

群山起伏，山路蜿蜒，我在路上，独享着这份清闲与恬淡。想到今天将与几位支教同人游赏位于西和县城的晚霞湖，心里更是喜不自胜。

半小时后便步行来到喜集，怎奈何，半天拦不到一辆车。真想再步行到洛峪镇，但7公里绝非短途，只好作罢。

车站一位大叔安慰，再等等吧。洛峪镇人们二五八逢集，昨天刚赶完集，今天车自然少。10点左右就会有班车，从大桥方向来。看看尚有20多分钟，便坐下来与几位支教同人联系。电话还没挂，一辆小面包车驶来，伸手一拦，竟是一位学生家长。搭乘顺风车来到洛峪镇，在西和三中支教的胡老师、宁老师，还有他们的一位同事已等候多时。

乘车前往县城。一路天南海北地聊，很快便到了西和县城。在赵五初中支教的张翅飞老师叫了一辆小面包，将我们五人载到了晚霞湖。

晚霞湖位于西和县城以西5公里的姜席镇境内，原系防洪蓄水、灌溉养鱼的综合性水库，现是集防汛、灌溉、发电、养鱼、旅游等综合开发为一体的景区，水域面积近2000亩。水库周围群山环抱，苍翠起伏。

沿着水库信步而行，村落山郭风光尽收眼底。这里的房屋均统一规划，青砖白墙，格外漂亮。湖边有不少垂钓爱好者，悠然自得。柳条拂动，芦苇交错，花红柳绿，众星捧月般点缀着湖面。彩蝶翩跹，蜻蜓点水，只听蛙声一片。在湿地处，还有好些野鸭在戏水。游艇、汽船在水面划过，尽享大自然的天籁与野趣。

只可惜是阴天，又不是傍晚，不能看到晚霞夕照。

"水光潋滟晴方好，山色空蒙雨亦奇。"只能去遐想了。

走进一家农家乐，主人介绍，每年农历七月初，这里便成为千百乞巧姑娘歌舞和比试青春风采的露天大舞台。西和素有"乞巧之乡"的美称，七夕节时，西和人便会为人们呈上异彩纷呈的乞巧文化艺术活动，为晚霞湖锦上添花。

我们点了几道野菜，确实独具风味。吃饭间，我们聊起支教生活，大家感慨万千。当我说起饭桌上的野菜远不及学生送我的野菜鲜嫩，还有香椿、土鸡蛋，大家羡慕不已。都认为乡村的人，无论是老师、学生还是家长都很淳朴、厚道。我支教的地方最偏远，这种感受尤为强烈，心里更是喜欢关坝。

不知不觉已是下午3点多，我们便乘车返回县城。张翅飞老师回赵五初中，我们四人乘坐回洛峪的车，到镇上时已快下午5点。

在路边等车，碰巧遇到西和三中的一位老师驾车回喜集。我搭顺风车返回喜集，然后步行，山谷更显空旷。

半路，一位关坝村民驾着"三马子"上来，邀请我乘坐，我便乘着"敞篷车"回到关坝。心里很是感激，若不是好心人载我，我可能还在归途当中。

寄情于山水，与支教同人小聚，使我的周末充实而快乐。

马 山

5月25日　星期日

今天上午洗衣做饭，下午我去了一趟马山，很受触动。

马山位于学校正西面的山上，是一个只有40多户人家的小山村。学校里有十几个孩子住在马山。常听孩子们讲，上学至少要走半个钟头的山路，我想看看马山上人们生活的环境和条件。

一路上山，走得气喘吁吁。两米多宽的土路，被水冲得坑坑洼洼。山上的梯田里种着小麦，油菜籽已丰收在望。还有好些花椒树，已缀满花椒粒，一串串，绿中泛着红，在绿叶当中探出头来，在枝头摇曳。空旷的山野，见不到一个人影。

终于碰到一位在地头歇息的大叔，旁边放着一个喷雾器。上前搭讪，老人说麦田里麦秆上生了黄锈得打药。再过半个月就该更忙了，先是收菜籽，然后割麦子，紧接着就是摘花椒、挖土豆。直到10月里，种了冬小麦，这才算一茬的庄稼活忙毕。说起马山，老人指了一条小路给我，说是大路行车，走小路会近一些。

谢过大叔，沿着崎岖小路走，果然10多分钟便望见远处的村庄。近了，再近了，房屋大多依山而建。一片土坯房当中，偶尔见一两院砖瓦房。这里的房子大多没有围墙，随便拉一捆荆棘挡在屋外，算是大门吧！

突然，卧在柴草堆前的一只狗叫起来，紧接着就有两三只狗开始跟着叫起来。我小时候被狗咬过，现在一看见狗就害怕。正打算按原路返回，一家院落里走出一个小男孩："曾老师！"他见到我开始跑过来，原来是五年级的王云飞。孩子热情地招呼我进屋坐，柴草堆前的狗不再乱叫。院落比较破旧，院子里也很凌乱。房子木门、木窗已发黑。窗户是木制的，小格样式，下半截糊着报纸，上半截罩着一层塑料。这种窗户，和我小时候农村的一模一样。迈进高门槛，孩子的爷爷正躺在炕上，见我进来起身招呼，听孩子说我是关坝小学的老师，老人忙下炕来给我递烟，招呼我上炕喝茶。那种殷勤真让人感动。

再三推辞后，我坐在桌前一个凳子上，开始与老人攀谈。屋子里四壁和屋顶都是用报纸糊的，已经被烟熏黑了。炕上有个柜子，炕头叠着两床被子。炕沿上放着一个火盆，火上坐着一个熏黑了的茶壶。地上迎门靠墙的地方摆着一张方桌，已经看不见原来油漆的颜色。地是土地。这是我来到关坝支教看到的最困难的家庭。

我刚坐定，老人起身从身后的柜子里拿出一个杯子来。我忙从包里拿出自己的水杯说，不必客气，我带水了。

谈话中了解到，孩子的父母常年外出打工，家里就他和孙子相依为命。说起孩子们上学路途远很辛苦，老人笑了，说："这点路不算什么。比起郭山的孩子们算是近的了。上山的路是前几年村上的人出钱出力一起修的。现在盖房子，拖拉机、三马子能通行，已经很方便了。"

老人说，村子里能干的人都出门打工了，留下来的都是老弱病残，村干部也不得力，等他们知道邻村60岁以上的老人开始领钱了，大家这才知道国家还有养老金这样的政策。他说自己已经63了，没有领过一分钱。还说马山上原来是有学校的，因为孩子少又缺老师，这才撤销，合并到了关坝小学。

就这样，天南海北地聊了半个多钟头。起身告辞，老人挽留我吃了饭再走，我婉言谢绝，懂事的马云飞提出要送送我。出了院子，下到一个小山坡，在靠山的地方看到了一个蓄水池，正汩汩地响。孩子说，村里人吃的就是这山泉水。这样的蓄水池村里有两三个，取水的时候提着水桶挑回家里。

我还想到马盆盆家转转，马云飞便领着我上了一个小土坡，又沿着靠山的一条小道来到一个土台子上，马云飞说这就是马盆盆家。一个敞院里，一排土坯房，院子里散乱地堆着一些杂物，跟马云飞家差不多。马云飞大声喊着"马盆盆"，没有人应答。"他们可能去地里了。"马云飞说。

只好离开。

看来马山要比雍家沟条件还要艰苦一些。

班 会

今天午间，高源鸿老师问我下午可否给六年级上一节班会课。原来，临近小升初考试，孩子们越来越浮躁，都忙着互相写毕业留言，一些同学甚至在课堂上偷偷写。听到这里，我欣然答应。

说实话，孩子们临近毕业，有一些离愁别绪很正常。毕竟在母校生活了六七年，度过了他们最为美好的童年时光。从懵懂无知到如今十二三岁的花季少年，我该如何引导他们正确宣泄这份感情，使他们在毕业冲刺阶段更加专注地学习？我想到了我带的上一届学生，想到了2011年的六月。于是，我决定与这些孩子分享我的学生是如何书写毕业留言的。

班会课上，我带着笔记本电脑走进六年级教室，孩子们好奇地看着我，因为支教以来我给他们上过很多次课，都是语文课。这节是班会课，是班主任高老师的课，我怎么来了？我笑着说："今天我不是来上课的，我想跟大家说说话。"

轻松的谈话，很快打开了孩子们的心扉。聊着聊着，我引入主题：即将毕业的你，最近在想些什么、做些什么，用一个关键词或一句话来说。

我适时板书着他们的心声，有"不舍"，有"难忘"，有"感谢"，也有"感动"。我渲染着他们的情绪。"是啊，从懵懂无知的幼童，到如今十二三岁的少年，我们朝夕相处，培育了多么深厚的情谊！辛勤培育我们的老师，又为我们的成长花费了多少心血！母校是我们成长的乐园，知识的殿堂，带给了我们多少欢笑！临近毕业，充溢在我们心中的感动、感谢用难忘和不舍怎能言尽呢？"孩子们静静地望着我。

"我曾带过一个毕业班，那些同学是怎样宣泄这份离情别意的呢？同学们想不想了解一下？"

"想——"孩子们齐刷刷地喊道。

"下面就让我们一起来分享一下。"我打开了笔记本电脑，后排的同学纷纷往前坐。电脑前一张张照片，记录着2011年6月10日的那节班会课。黑板上写着"我们毕业了"。同学们以小组为单位，把桌子拼在一起，七八个同学围坐在桌子周围。各小组集思广益，用各色的卡纸精心制作着毕业卡片。有的小组把卡片剪成了心形，有的小组做成了树叶的形状，还有小熊、灯笼等形状。接下来，每个人再进行个性化的装饰，在卡片上粘贴自己的照片，有的贴上了二寸的毕业照片，有的贴上了五寸的生活照，还有的从相册里拿来了自己小时候的照片。然后便是留言，写给自己，写给同伴，写给老师，写给母校。最后以小组为单位展示成果，合影留念。

我一边播放照片，一边解说着。同学们静静地看着，听着。

"这些照片，还有同学们做的卡片，都保存在我电脑里。同学们谁想要，我就发电子版的给他们。我相信这会保存得更持久，更有意义！"

我稍稍顿了顿，继续说："而现在，我们的心里都填满了这些离愁别绪。不再用心学习，不再那么专注，成天忙于彼此留言，甚至连留言也开始敷衍，胡乱地写上几句，想一想，拿着这样的一本留言册，你心里做何感想？它又有多少保存的意义？我们每天起早贪黑，却让毕业留言搅扰得心神不宁，这值得吗？"

孩子们开始低下头来。

"毕业复习冲刺阶段，我们的老师又是多么焦急，我们这样做，是送给老师们最好的礼物吗？"

有同学已经满脸通红。

"孩子们，把心收回来吧！专心学习，用我们的努力争取优异的成绩，给母校的老师一份满意的答卷。如果觉得可行，我们不妨也借鉴照片中同学们的做法，把毕业留言放在我们小学阶段最后一节班会课上来做，好吗？"

"好！"同学们异口同声地回答。

班会课就这样结束了。真希望我的引导能拨动孩子们的心弦，使他们平稳地走向毕业。

送路队

5月27日　星期二

"**当！** 当！当！"挂在校门口的钢板被敲响了。又停电了！正发愁中午吃什么，王校长在学生集会上说，接到电话，县上领导下午要到铜水小学考察工作，会路过关坝，得做好卫生工作，其他学生放学，六年级学生留下来搞卫生。

校园里总体比较干净。王校长平常还是比较重视学校卫生工作的。个别孩子捡拾操场上的大石子，扔回施工工地上的沙堆，一部分孩子清扫楼道，洒水拖地，大部分孩子到学校外清扫路面。紧紧张张搞完卫生，学生回家。

泡了一碗方便面，刚坐下就看到窗户外的马盆盆同学倒完楼道里的垃圾，放下了垃圾桶，叫进来一问，因为他住在马山，离家远，中午不回家。想起这个热心的孩子，每逢看到我提水便会主动下楼帮我，我便又泡了一碗面给他，孩子很是感激。他说，每天5：30他就起床了，洗漱完毕就匆匆上学。老师要求6：30就得到学校晨读，奶奶要是忙的话，中午他就不回家，因为回家也吃不上热饭。心里感慨孩子们的辛苦，就勉励他要好好学习。不说别的，起早贪黑，至少也得对得起自己。孩子一边吃着面一边点头答应，而我知道，他的基础实在是不好。

下午直到放学，县上领导也没来考察，上次准备公开课也是不了了之。这大概便是"雷声大雨点儿小"吧！

张文博来问我能否跟他一块去送送路队。怎么突然间想起送路队了？心下狐疑，但没多问便欣然答应。六年级还在上辅导课，操场上100多名学生按村子站队，各队都有一个大孩子做路队长。孩子们很听话，一队跟着一队安静地走在马路右边。长长的、整齐的路队真是一道亮丽的风景。马山上的孩子穿过马路向关坝西山走去。关坝的孩子陆续走出路队各自回家。再往南走，郭山的孩子向关坝东山走去。再走，雍家沟的孩子也走进了东边的山里。路队越来越短，只剩下袁坝的孩子，二三十个人，排得依然整齐。

20多分钟后，十几个孩子进了袁坝，还有十多人沿着马路继续走。文博说，这些孩子也是袁坝的，只是住在村东面的山上。

转过弯，走了不到两分钟，孩子们拐进了一条山路，窄窄的。一会儿爬坡，一会儿拐弯。孩子们说，这是一条近道，要是走大路就得多走好多路。

十几分钟后，终于看到了村庄，孩子们陆续回家，此时我已经气喘吁吁，大汗淋漓。五年级一名叫袁丽的女同学，邀请我们上她家坐坐。我和文博跟着她上了一个小土坡。新盖的平房，四五间，没有院墙，家里没有人。袁丽掏出钥匙，打开房门。屋里面的陈设极其简单，但很干净。孩子给我们沏了茶，便拎着炕上炭盆上烧的一壶水，给猪喂食去了。

这就是乡村孩子的生活。即使是学前班的孩子也是这样，自己步行上学、回家，没有大人接送。

女儿的电话

早晨起床，刚一开机，女儿就打来电话问我什么时候回家。我说最近学校忙，老师们带课量都比较大，我不好请假。女儿便在电话里嘟囔着说，爸爸说话不算数，说着说着竟哭了。我知道女儿的这通电话等了一夜，而要我六一回家却是铆足了劲儿，等了一个月的。

昨天晚上，我正在校长室帮忙，和王校长、高原红、张文博几个人弄毕业生信息登记表的时候，女儿就打来电话，兴奋地告诉我，她评上了校级三好学生，这下我可以在六一回家看她领奖了。手头正在忙，便说忙完我再给她打电话的，结果一直忙到快12点才算把大部分工作做完。王校长和高老师两个人填表，我这才回房休息，早把打电话的事忘了。

早在一个月前，女儿期中考试成绩不理想，我便和她说好，如果六一表彰优秀时，她能获奖我就回家看望她；如果不能，就只能等到期末放假了。这一个月来，孩子果真开始努力了，早上起得比往常早了，学习主动了、踏实了，作业也用心了、认真了。大概10天前，孩子打来电话，专门征求我的意见，说她想参加六一舞蹈排练，问我是否同意。我当时就表态，只要能保证学习不受影响，参加集体活动我是赞同的。接下来，孩子隔三岔五地汇报她的学习和舞蹈排练的情况。虽然占用了很多课余时间，但她乐此不疲。前两天在网上聊天时，她还说希望我能来看她们的舞蹈表演。

现在，孩子遵守了我们的约定，获得了"三好学生"的荣誉，我岂能违背诺言？可是，袁文文顶岗结束后，学校里又少了一个老师，老师们的带课量都有所增加，王校长带了四年级的数学后实在忙不过来。周一，学区刘校长还专门来学校找老校长谈话，老校长这才又把四年级的数学课接过去。这几天为毕业生的信息更改、登记，老师们忙得晕头转向。

在这时候请假回家，我怎么能张开嘴呢？

"开胃菜"

5月29日　星期四

今天课前我把从书中读到的一个小故事讲给同学们听：

台湾家喻户晓的画家，台湾十大杰出青年奖章的获得者——黄美廉，一位从小就患脑性麻痹的病人，在一次演讲中，面对一个学生的提问："你从小就长成这个样子，请问你怎么看你自己？你没有怨恨吗？"她嫣然一笑，语出惊人："我只看我所有的，不看我所没有的。"一种永远也不被击败的傲然写在她的脸上。一个残疾人，能够取得如此辉煌的成就，可以说是她发自心底的自信，激发了她的才能，使她获得了成功。

当我讲小故事的时候，孩子们静静地听着。我注意看雍婷婷、看袁旭鹏，他们的小脸涨得通红。见此，我突发奇想，何不来个课前两分钟的故事分享？我想把类似的小故事讲给每一个缺乏自信的孩子，让他们建立自信，先从相信自己、悦纳自己做起。我还要讲好多这样的小故事，就当是每天课前给孩子们的一道"开胃菜"。

晚上，妻子打来电话，说31日文艺演出，女儿哭哭啼啼，软磨硬泡，一定要我回家去看看她的演出。想想马上就到端午节了，连着周末三天假，就硬着头皮找王校长。

如此这般一说，王校长痛快地答应了，说明早就走，坐娟云的头班车早些回去，还说要是时间紧就多待两天。我哪好意思多待！连忙说"不用，不用！"说起我的课，他挥挥手说："没事，你的课我帮你上。"说着就让我赶紧回房收拾收拾，早些休息，明早还要赶路呢！满怀感激地离开校长室，回房间打电话告诉女儿，她高兴得欢蹦乱跳。

六月

不念过往，不惧未来，自由自在，无忧无虑，时光不老，童心未泯，这就是最好的状态。

几枝樱桃

6月3日　星期二

今天终于缓过神了，从端午节一早起床就收拾行李，匆忙赶往汽车东站乘坐兰州往西和的班车，花费了7个多钟头到达西和县城，然后又忙不迭地转乘到洛峪镇的小面包。小面包车在县城街道兜圈拉客，转了近40分钟，车上挤了七八个人，这才往洛峪镇驶去。一路上走走停停，下车的，上车的，到镇上快下午5点了。正发愁该如何回到关坝，碰到了学区赵校长。坐了他的小轿车，走到半路时，他接到他同学的电话，说是在镇上办事。赵校长又驱车返回镇上接人。一路上又是办事，又是购物，等回到关坝已是晚上7点。一整天在路上颠簸，骨头都散架了，再加上两地气候不同，温差较大，有些感冒，两天来，浑身乏力、酸痛，今天总算是好多了。

晚上出去散步，又碰到了那对50岁左右的夫妇。两人热情地问我，几天不见，是否回家了。身在异乡被人挂念着，甚是温暖！

说话间，大嫂弯腰从地里拔了几根白萝卜、一把小白菜，从围裙里掏出一个塑料袋装上递过来，说"是庄稼人，也没有什么好东西，老师不要嫌弃"。我推辞不过便接过来，连声道谢。说实话，娟云的菜铺子关门以后吃菜真是问题。多亏有学生和家长隔三岔五地送来一些菜，一把韭菜、几根萝卜或是几枚鸡蛋，是他们能给老师的最好的礼物。

一阵寒暄后，便和他们告别，刚走几步，大哥叫等一等，回头看时，他拿了几枝树枝来，上面缀满了红红的樱桃，说家里种了一棵樱桃，让我尝尝鲜。大哥黝黑的脸上露出憨厚的笑容，比那樱桃还要好看。

我拎着塑料袋和几枝樱桃走在回校的路上，心里洋溢着甜蜜。

雨天停电

雨淅淅沥沥地下了一整天，滴滴答答，不紧不慢，一刻不停。天灰蒙蒙的，天地间仿佛拉上了一层薄纱，朦胧、静谧。

雨丝细细的，悄无声息，不动声色地拂去了初夏的温度，带来了阵阵寒意，使你怀疑一定是谁翻错了日历。这气候、这温度，不是初春便是初秋吧。

这样的天气，中午时分，竟忽然停电。连泡碗面都成奢望，索性和衣而睡。床铺也潮乎乎的，习惯性地伸手打开电褥子开关。半晌才回过神来，早就停电了，竟还想用电褥子取暖，躺在被褥里不禁笑自己迂腐。

迷迷糊糊中，听见有人喊"电来了"，感觉瞌睡比肉还香，便再睡去。

午间音乐惊扰了一场酣梦。

起身，方觉腹中空空。烧水，打荷包蛋，煮面，十余分钟，一碗挂面就着榨菜便已下肚，复又投入紧张忙碌的工作。

乡里乡亲

6月5日　星期四

晚饭后，正欲出门散步，几个孩子跑来学校，说是要请老师们去吃饭。追问原因，一个孩子说他家里买了一辆新车。再问王校长，他说村里人就这样，谁家盖新房或是买什么大件的东西，乡亲们都会互相帮忙，摆上酒席庆贺一番，难怪村里不时有鞭炮声响起。心里感慨，城里人楼上楼下或者对门居住，但不知道对方姓氏者，不在少数。乡里乡亲，就是比城里人情味浓。村民家里有喜事，能惦记着老师，真叫人感动。我们婉言推辞，打发了几个孩子回去，王校长说他们一定还会来的，我们不如到学前班一个孩子家里去看看，这个孩子开学上了不到半个月就生病住院了，不知道现在情况如何。

我和文博随着王校长出了校门，刚到这个孩子家，屁股还没坐稳，买了新车的那家孩子的父亲竟亲自寻上门来，硬是拽着我们去他家坐坐。进了屋，屋里面好不热闹。炕上坐着七八个人，正围着炕桌喝酒。屋子中间的地上放了一个火盆，围了一圈人，正在喝茶。大家见我们进屋，都热情地打着招呼，炕上坐着喝酒的人有人下炕，硬是招呼我们上炕。递烟、敬酒、寒暄、谈笑风生，让我们宾至如归。

乡里乡亲乡情，和着杯中酒的醇香弥漫在屋内，荡漾在每一个人的心里。

修 心

6月6日　星期五

今天对第七单元做了测试。

成绩和前几次测试大体一致。有测试卷的同学17人，10人及格，80分以上5人。没有测试卷的5个人，即使站在边上口述答案也是及格不了的。这样的成绩着实是打击人的工作积极性。孩子们貌似听话、乖巧、认真勤奋，从学习劲头来看，较以前有了很大进步，课堂上活跃了，作业自觉了，读题、审题能力也有了提高，但一考试就"抓瞎"。个别同学，如马育霞、王秀秀、袁鹏飞、袁彩芳等，就在60分或者80分的临界线上下徘徊。

眼瞅着麦田泛黄，菜籽成熟，丰收在望。"禾苗在农民的汗水里抽穗，牛羊在牧人的笛声中成长"，而我的希望的田野里却是如此荒芜！总以为自己默默耕耘，静待花开，终会迎来花蕾绽放。但3个月的汗水，终究没有浇灌出希望的芽蕾，只是浇透了自己，心里不免凉凉的。

尽管我知道这里的孩子们学习基础差，这也正是我们支教的意义。我是一名园丁，松土、施肥、浇水、修枝、剪叶，需要我付出精力和时间，付出一片爱心与真情。但在这个即将收获的季节，我确实急不可耐。孩子们的成绩似乎没有一点点长进，这叫我怎能保持静待花开的心态？

我默念这些语句，好让自己复归平静：

"无论成绩好坏，请相信每个孩子都是种子，只不过每个人的花期不同。有的花，一开始就灿烂绽放；有的花，需要漫长的等待。不要看着别人怒放了，自己的那棵还没有动静而着急。相信是花都有自己的花期。细细地呵护自己的花慢慢地长大，陪着它沐浴阳光风雨，这何尝不是一种幸福。相信孩子，静待花开。也许你的种子永远不会开花，因为它是一棵参天大树。"

又是一年高考时

6月7日　星期六

时光荏苒，又是一年高考时。

每到这个时候，心里总是容易激动，或许是每年身边总有孩子参加高考的缘故，总是被他们的紧张感染。很遗憾，此生没能参加高考。初中毕业考了中师，此后通过函授学习了大专汉语言，又在西北师大自考拿到了教育管理的本科文凭，但终究没能圆自己的大学梦。

岁月匆匆，蓦然回首，那些上学的日子，那些挑灯夜读的岁月，那些一心跳出农门的梦想，那些奋斗的轨迹，那些浸满青春汗水的记忆，都渐渐模糊，但埋在心底的大学梦却始终挥之不去，并随着每一年高考在心底发酵、翻腾。想当年是多么决然地想迈进高中的大门，但是长辈们"考进师范门，就成国家人"的劝诫，终究将我的大学梦扼杀在摇篮。

"海阔凭鱼跃，天高任鸟飞。"

愿莘莘学子高考顺利，愿我的侄女文杰金榜题名。

蒸馒头

6月8日　星期日

今天，没再出门，我有事情做。

昨天晚饭后跟母亲通电话，仔细询问了蒸馒头和面的要领，今天用温水泡了酵团，和了两碗面，想蒸馒头吃。

插叙一下西和锅盔。西和锅盔向来以闻着香、吃着酥、出门携带方便、久存不坏而闻名。它既是一种独特的风味食品，又是馈赠亲朋好友的礼品，很受人们欢迎。锅盔体呈圆形，直径尺许，厚8～10厘米，重5斤左右。一个大锅盔12元钱，买回来自己留1/4，够吃一个星期，其余与老师们分享。刚到西和，觉得锅盔吃起来就像面包一样好吃。时间长了，开始想念馒头的味道。

早上，看昨晚和的面发了一些，就往面里放了一些碱，用手揉了一会儿，面团又变得像昨晚刚和好时一般大小。索性就又放了一小勺小苏打揉匀，看使用说明20分钟就能做馒头了，便坐下来看书。半小时以后，面团果真发了一些，揪了如枣子般大小的一小团面放进笼屉，想看看碱面放得是否合适。按照兰州话就是"烧个灰蛋子，看看灰的大小"。十多分钟后，隔着玻璃锅盖，看到小小的馒头裂开了花，黄黄的，像玉米面馒头一样。等拿出来一闻，一股碱的味道，一定是碱放多了的缘故，只能等下午再蒸了。

午睡起来已是3点半，看面团又胀了一些，揉了揉，又揪了一小团放进笼屉，蒸出来竟然和上午的时候一模一样。这可怎么办呢？

电话突然响起，竟是母亲，真是心有灵犀！她在家里挂念着我的馒头蒸得怎样。如此这般一说，母亲笑了，说一定是早上面就没发好，又把碱面给放多了。她嘱咐我把面放下，等明天发好了再蒸。天气冷，把面盆放进热水锅里，会发得快一些。蒸的时候再看看灰，如果酸的话就再少放一些碱面。两碗面放一小勺碱面就可以了。天气冷，一定要把衣服穿暖了。又问我肠胃病有没有再犯，反复叮咛，千万不要偷懒了，一定要按时做饭吃。别省钱，想吃什么就去镇子上买。母亲在电话那头絮絮叨叨，我在电话这头连连答应。她这才放心地挂了电话。

唉，儿行千里母担忧啊！从我支教以来，她总是关心着西和的天气情况。只要兰州一变天，她就会打电话问我这边的情况，千叮咛万嘱咐。4月份，兰州自来水污染。她得知情况，第一时间不是去抢购桶装水，而是打电话告诉我，赶紧去购买一些矿泉水来。我告诉她，这村子里的人喝的都是从山上淌下来的泉水。她这才说要去黄河啤酒厂看看父亲买桶装水的情况，然后挂了电话。一向勤俭的她，每逢在家看到我们父子有谁打电话超过3分钟，总会唠叨：长话短说，别浪费了钱。如今她拿起电话，可就没有时间限制了。用她的话说，打电话问清楚了，才能睡个安稳觉。这就是我的母亲。

水 痘

6月9日　星期一

班里有学生出水痘了!

第一个生病的小朋友是王利平。面部、背部、腹部、四肢等处均出现红疹点和水泡，一看就是水痘。我告诉孩子们，这个病虽然不算大病，但是会传染。病人会发热，有可能还会出现并发症，如果不小心把水痘弄破还容易落疤，所以这个病一经发现必须马上隔离治疗，直至水痘全部结痂脱落。孩子像小鸡啄米似的答应就在家休息、治疗。

今天，他又出现在教室里。他说，爷爷说了，不碍事的。这怎么行? 赶紧将情况说给了班主任张文博。张老师不以为然地笑一笑，说了句没事的，这地方就这条件，家里有啥办法呢? 是啊，一个单亲孩子，父亲外出打工，爷爷照顾他的生活起居，还要忙里忙外，照顾孩子对于他来说已经力不从心。可是孩子病了，满身都是水痘，小孩有潜在的危险，班里同学也会有被感染的可能。这可怎么办?

孩子依然在上课。我的心里却像长了草一样。

水痘传染了

6月10日　星期二

今天一进教室，就有小朋友举报他的同桌肚皮上有痘子，掀开衣服一看，满是红疹子。我担心的事情终于来了，水痘传染了！

细问之下才得知，他的哥哥几天前就出水痘了，他奶奶也没带他去看过医生，没做任何治疗，没吃任何药。哥俩每天都来上课。听了他一番话，我心里真是难过！于是让全班同学翻开衣服检查身上是不是有痘，两名孩子被发现疑似有红点。我赶紧报告了王校长，他竟早就知晓，还平静地望着我。我尽我所能讲述着疫情的危害和我在网上查阅的相关资料。

王校长这才到各教室巡视，统计水痘疫情。从上周发现个别孩子出水痘，到今天已有近20人感染，大有蔓延之势。

王校长打电话把疫情汇报给学区，不一会儿，喜集卫生院的人和学区领导便驱车赶到，又是各班巡视，然后要求已感染水痘的孩子回家治疗，返校时必须有医生的诊断证明。

中午放学，王校长在全校学生面前作了水痘预防及治疗的相关知识普及，再三叮嘱孩子们一定要及时治疗，不可耽误。孰料，下午除了7名同学没再来校上课，其他已有水痘症状的12名学生又来到学校，若无其事。孩子们反映，家长说水痘不要紧，就又打发他们来上学了，有个别孩子竟在水痘上抹了些牙膏。孩子们随意挠抓患处是否留疤痕暂且不说，对于可能导致的并发症，家长和孩子都不以为然。

王校长又开始给这些孩子家里打电话，有个别孩子的爷爷奶奶慢腾腾地来学校，极不情愿地接走了孩子。二年级一个孩子的奶奶来了，鼻涕眼泪一大把的，站在校长室说了老半天，就是不肯带孩子回家，弄得我们心里真是堵得慌。从个人情感出发，我完全能理解一位风烛残年的老人带孩子的艰辛，但这位奶奶只考虑了自己的得失，却没有站在学校和其他孩子的角度考虑问题，确实让我们很为难。这便是农村留守儿童的生活现状。

下午放学，王校长再次强调水痘的危害性，并逐一检查孩子们脖颈处和两只胳膊，三令五申，一定要重视，及时就医、注意卫生等。

路队散去，不知道这些患儿家长能否重视给孩子及时就医，更难以预料的是，这里大多是多子女家庭，交叉感染难以避免，再加上水痘潜伏期较长，谁知道这场"水痘之战"几时能休？

水痘之战

6月11日　星期三

今天，果不其然，除了极个别孩子没来上学，其余患水痘的孩子均若无其事地来上学了。问起班上雍江龙、雍海娟姐弟俩为啥不休息、治疗，雍江龙小声地说："我爸说不要紧，过几天自己就好了。"后来说给六年级班主任高老师听，原来，正在上六年级的雍海霞——雍江龙的大姐，上周就出水痘，没有吃一颗药，现在水痘已结痂。你很难弄明白该家长的真实想法，他难道就一点儿也不关心自己的孩子正忍受着水痘的侵扰？倘若在上周大女儿患病时采取必要措施，上三年级的两个孩子是否就不被感染？而他还有两个孩子，一个在五年级，一个在一年级，是否还有被感染的可能？是不是其他孩子家长均是这种不以为然的态度，才将学校要求置之不理，让患病的孩子背上书包继续来上学？

看来，这场"水痘之战"局势变得复杂起来，不只是患者与病毒之战，还有家校双方对水痘的意见分歧。这种家校双方不能站到同一立场的局面，才是最棘手的问题。

水痘疫情

今天，水痘果然蔓延开来。

全校出水痘学生增至44人。早上10点左右，学区刘校长和杨校长驱车过来，大概是王校长又汇报了疫情。刘校长强调，让孩子们不要恐慌，有病要及时治疗，然后三位校长驱车赶往铜水小学，听说那儿也出现了水痘疫情。

王校长委托我中午放学时给孩子们讲讲水痘的预防及治疗的相关知识。我就自己前几天从网上查阅到的相关资料给全校的孩子作了耐心细致的讲解，嘱咐孩子们，水痘是小病，但不能掉以轻心，一定要跟家里人讲清其危害，及时治疗。孩子们满口答应，但我知道，家长可能不会照学校的要求去做，结果恐怕不容乐观。

下午，县卫生局和防疫站的人都来了，要求生病的孩子务必在家隔离治疗，学校要做好疫情汇报情况。还给村里卫生所安排，有学生来输液，没钱的话先记账，等孩子们出外打工的家长回来再缴费。

后来，王校长又骑摩托车去喜集卫生院领了几个小医药箱，内有温度计、拔罐器、刮痧板等，我也没明白这些东西对于治疗水痘有什么用。还领了几瓶过氧乙酸用于教室消毒。

唉，真希望这个"水痘之战"能早日平息，孩子们都能健健康康。

孩子，让我怎么帮助你

6月13日　星期五

连日来，阴雨绵绵，群山浸在云雾弥漫中，一片空蒙。今天5名孩子没有到校，除了出水痘的两名孩子，另外3名孩子大概是因为山路太泥泞。孩子们说，这种情况是常有的事。

教室后面的空地上摆满了撑开的雨伞，雨水淌了一地，似乎在悄悄诉说着孩子们上学的艰辛。孩子们鞋子上沾满泥污，料想路上定是泥泞不堪。孩子们像往常一样，扯着嗓子叽里呱啦地背诵着课文。

突然，教室里静下来。顺着孩子们的目光，我看到身材娇小的刘婷婷站在门外。小姑娘全身都湿透了，头发湿漉漉的，紧贴着头皮，雨水正顺着裤管往下滴。问她，下这么大的雨，为什么不打伞？她说小弟弟的伞弄坏了，她把自己的伞给了两个小弟弟，自己只好淋雨了。可怜的孩子，哪怕是拿一块塑料遮挡在身上也好啊！我心里一下子潮湿起来，似乎这雨淋到了我的心里。

自打支教来到这里，我尽自己微薄之力给孩子们雨具、学具等各种帮助，一支支笔，一个个本子，一块块橡皮擦，一碗碗泡面……但总是杯水车薪，总会有孩子手握一支中性笔芯写字。追问，老师给的笔呢？孩子答：被弟弟妹妹或是哥哥姐姐拿走了。再给，不几天又不见了。孩子们果真家里很困难吗？不尽然。他们总有零花钱以填补肚子，却总是舍不得为自己买些文具以武装头脑。王校长曾说，他们的家长好多抽着黑兰州香烟却不肯给自己的孩子买辅导资料。想起好几次去学生家里，不管家里条件如何，孩子们总是没有一张书桌，或是跪在炕桌上，或是趴在炕沿上写字，再就是坐在小凳上趴在椅子上写字。

再苦不能苦孩子，再穷不能穷教育，看来这种观念在这儿尚未形成，或许根本无立锥之地，念书远没有出门打工来钱更直接、更稳妥。

教室里依旧书声琅琅。室外绵绵细雨在心里漫延。

孩子，我该怎样帮助你们呢？

我的父亲节

6月15日　星期日

又是一年父亲节。

因为支教，不能陪在父亲身边，很遗憾。像以往一样，为父亲买一件礼物或是为他做点什么；作为父亲，女儿不在我身边，这一个节日在异乡便没了滋味。

走出屋子，走进大山，我要在与自然亲近中释放自己。果然，大自然给了我很多惊喜。走过一块块庄稼地，穿过一片密林，是一个洒满阳光的山坡。这是一块很大的空地，绿色草地上开满了矮矮的、各色的小花，像无边绿毯上绣了花儿。坐下来歇息，享受着这一片静谧与阳光。

嘻嘻哈哈，一群孩子在密林那边嬉笑，欢笑着似一阵风一样跑来。他们手提着小桶或端着小盆，颗颗饱满的瓢子散发着诱人的香甜。孩子们纷纷拣出最大的瓢子抢着塞进我的手里请我品尝，叽叽喳喳地向我诉说着采撷的快乐。原来，几个小家伙一早就起来采摘瓢子，然后送到学校里，竟然校门紧锁。亏得有人看见我进了山，这才一路寻来。看着他们额上晶莹的汗珠，红彤彤的脸颊，我心里溢满幸福。

放下家什，这些小家伙开始在草地上嬉戏。翻跟头、打车轮、唱歌、武术，他们尽情地展示着自己的绝活。我被他们的快乐感染着，禁不住和他们一起在草地上摸爬滚打。累了，就地躺下，舒展身心，好不惬意！

不念过往，不惧未来，自由自在，无忧无虑，时光不老，童心未泯，这就是最好的状态。

父亲节，我和这些孩子就这样幸福地度过。

一瓶菜籽油

6月16日　星期一

今天，六年级马盆盆同学一早给我拿来一瓶菜籽油，说是送给我的。我掏钱给他，他一溜烟似的跑了。瓶子原是装雪碧的，1.25L的那种，一瓶油也就十几元钱，只好作罢，就用别的方式补偿他吧！

马盆盆，一个聪明伶俐的男孩，人很勤快，但凡看见我提水，准会第一个跑下楼来帮我。上课很活跃，成绩却很差，双科都不及格。上次周末去马山，就想去他家坐坐的，了解一下他的家庭情况和他在家的表现，不巧的是他家里没人。第二天，他竟给我送来几枚鸡蛋和一把韭菜，说是没能请我喝茶很是遗憾。这原是我俩之前的约定，我有机会去马山转转，他定要请我喝茶。孩子竟如此真诚，是我没有想到的。

从那以后，他有事没事就往我办公室跑。同学们借阅图书，而他总是随便翻翻从不借阅。问他怎么不借阅图书，他憨憨地笑而不答。一次中午停电，见他也没回家，就叫他到办公室，泡了一碗方便面给他。闲谈中了解到，他父母外出打工，一年半载难得回来一趟，自幼跟爷爷奶奶住在一起。因为离家远，中午很少回家。每天5:30起床，洗漱完毕拿上馍馍就匆匆上学。农忙的时候，中午他基本不回家，回去了也没饭吃。方便面是他认为最好吃的面。他还说自己学习已经落下来了，怎么也学不好了。他也喜欢看书的，就是有好多字不认识。听着他的诉说，我的心里潮潮的。我告诉他，他是班上最聪明的孩子，只要努力学习，任何时候都不算晚。只要愿意，随时可以到我办公室来学习。许是他听进了我的话，从那以后就像变了一个人，一有时间就拿着作业本上我办公室问这问那，学习有了很大进步。

我始终觉得，人与人之间的爱、心与心的交流是相互的。想要走进孩子的心里，得先敞开心扉，真诚地接纳孩子，让孩子走进我们的心里。孩子只有真正地感受到我们的关爱，才愿意真正地向我们敞开心扉，让我们得以走进他们的心里。

也许我现在还不完全懂孩子们的心，但我愿为此去努力，我愿让孩子们住在我的心里。

可怜的孩子

6月17日　星期二

王利平，已经两天没来上学了。

唉！这个可怜的孩子！他总是这样隔三岔五地旷课。

就在上周三早上快8点钟时，张文博老师把他领到了教室，原来他竟然领着他上一年级的小弟弟在河坝里玩耍呢。当天中午，在全校学生站路队时，王校长就他哥俩旷课的事情做了通报，点名叫他上台时才发现他不在路队里，叫学生到教室里找他也没找到，以为他又溜回了家里。王校长还特意到他家去找他，他爷爷说孩子还没回来。等王校长再回到教室时，他居然就在教室里。问他刚才去了哪里，他死活不肯说话。后来我私下找他谈话，他终于开口，说他当时听到王校长叫他名字，他吓得赶紧藏起来了。问藏到哪了，他也不肯告诉我。我晓之以理、动之以情，他才答应我以后再也不逃课了，可是这周又连续两天没来上学了。

晚上放学后，在王有飞的带领下我们来到了王利平家。他家就在学校南边的西山脚下。不远，几分钟就到。两排土坯房呈"L"形，敞院，没有围墙，没有大门，院子里堆满杂物。我们叫了几声，无人应答，上前看，门上挂着锁。

我们悻悻而回。

我脑海里总是浮现出这个孩子的样子。头发乱蓬蓬的，小脸也脏兮兮的，总是穿一件灰灰的厚外衣，蓝色运动裤，衣物上满是油渍。一双旧布鞋，他总是穿反。听王校长说过，孩子的父亲老实巴交，母亲在几年前外出打工，再也没回来。后来，据说是找到了，但她不肯回来。撇下两个儿子，留给了丈夫。现在孩子父亲出外打工，两个孩子由爷爷照看。老爷子忙里忙外，既要忙地里的活，又要洗衣做饭，照顾两个孙子的生活起居，确实不容易。孩子就在这种环境中成长。3个月了，虽然想尽了办法，但对他似乎无济于事，他的学习基础太差了。三年级的孩子识字量极为有限，几乎一无所知。考试成绩从没有超过10分。更叫人烦恼的是，好不容易记下来的一点东西，转眼间就忘得一干二净。

我只有宽慰自己，尽量给孩子一些关爱，让他能快乐一点，心灵能舒展一些。除此，我也别无他法。

他来了

6月18日　星期三

今天，王利平来上学了。

还是那身穿着，还是那副样子。问他这两天去哪里了，他低着头不肯言语。蓬乱的头发都已经遮住了上耳廓。突然想，给他理个发吧！我俯身小声征求他的意见，他竟爽快答应："好的。"

晚饭后没再出去散步，等到7点却仍不见他的踪影，心想：大概他早已经忘了我们的约定。正想下楼到操场转转，突然看到两个小脑袋在校门口闪过。

"王利平！"我冲着校门喊了一声，两个小脑袋又出现在铁门外。果然是王利平，还有王有飞。

两个孩子磨磨蹭蹭地进门、上楼，王利平腋下夹着家庭练习册，说是刚从王有飞家写完作业。随手翻阅，练习册几乎空白。不过新留的一课作业倒是写完了。至于上面写的内容，恐怕你需要有考古学家的眼力和耐心才能辨识。更叫人难过的是，他写的什么他自己也不认识，他能做的就是照猫画虎。即使是照着誊抄，字也总是缺少部件，就像一个不懂得拼装机械的初级工，不是弄反了位置就是缺少了螺丝。这一切我都已经习惯。

想想已经晚上7点多了，他还没吃饭，又怕理完发可能时间会更晚，就打发他回家，约定明天再理发。

望着他离去的背影，心生怜爱。我下决心一定要给这个可怜的孩子多一些温暖与关爱。

我做理发师

6月19日　星期四

下午一放学，我就叫王利平到我办公室来理发。小家伙麻利地收拾了书包，小脸上洋溢着喜悦的神色。

到了办公室，我习惯性地先塞给他一颗糖。他剥了糖纸便把糖果塞进嘴里，咂吧着小嘴，一脸满足。我找了一张报纸对折再对折，然后剪了一个小弧形，展开，刚好做成了一个形似理发用的披肩，围在他脖子上。小家伙咧开嘴笑了。

问他笑什么，他只是笑而不答。

"是不是觉得挺好玩啊？"我问。

"就（是）的。"他回答得轻巧、简洁。

"我还从来没有给别人理过发呢，要是剪得难看了，可怎么办？"我边说边找剪刀和梳子。

"好的。"他说话从来都是这样简洁。

我用手抓了一点儿水，淋在他的头发上。天哪，真不知道他有多久没洗过头，头发乱糟糟、油乎乎的，黏在一起。

我左手拿着梳子，右手拿着剪刀，"咔嚓、咔嚓"开始工作。一会儿，六年级同学上课的哨声响起，我知道20分钟已经过去了，我连他的一只耳朵周围都没剪完。如此速度，剪完了，我怎么不得花几个钟头吗？不过，经过20分钟的实习似乎顺手了一些。想到上次王校长给他儿子剪发，一梳子一梳子挨过去，剪得倒也平整，就慢慢放开胆照着做起来。心态放轻松了，做事自然也顺手了。

大概一个钟头，我终于完成了我的剪发处女

理发

作。除了局部剪刀痕迹较明显之外，总体还是不错的。拿开报纸，抓起毛巾，收拾了他头上、脖颈处的碎头发，拿过镜子给他看。

"怎么样？"我问。

"好的。"小家伙满意地笑了。

想烧点热水给他洗头，小家伙说回家自己洗，然后背着书包蹦蹦跳跳地走了。

我拿过笤帚扫着一地的碎头发，心想：以后业余时间有事情可做了，那就是理发——给那些需要理发的孩子。

曾老师，不zēng

6月20日　星期五

又到周末。一周紧张忙碌的工作终于画上句号，孩子们也显得格外欢喜，背着书包在操场上自由活动。我们几位老师趴在二楼阳台上，自在地聊着天。

"你ráo（看），就是那个戴橘色花边帽的碎（小）娃。"王桃花老师指着操场上一个正在玩游戏的小男孩说。

"曾老师就是zēng的zēng，就是他给他婆（奶奶）说的。"她自个儿已经笑得说不下去了。

可爱的孩子

一会儿，她饶有兴趣地讲起了那个小故事。

"我们学校来了一位兰州的老师。"男孩对他奶奶说。

奶奶问："新来的老师姓什么？"

"zēng"男孩说得很简洁。

"sà（啥）？"奶奶似乎没听清。

"zēng——"孩子拖长了声音回答。

奶奶还是没听清。

"zēng——"孩子终于不耐烦了，说着用两只手背抹着眼眶处做出哭的样子。

"哦，zēng老师！"奶奶恍然大悟。

故事讲罢，大家哈哈大笑。原来他们西和人把哭叫"zēng"。

"曾老师不会zēng的。"我的一句话，惹得大家再次大笑起来。

回到办公室，仍忍不住地想笑。

告诉自己：潜心支教，播撒希望，曾老师，不zēng。

有朋自远方来

子曰："有朋自远方来，不亦乐乎？"身在陇南支教，老朋友世斌打来电话说他要来看我，欣喜之情不言而喻。

周六一早就坐班车到县城接他，想到老朋友大老远来看我，要从老家皋兰县城坐车到兰州市区，再转车到汽车东站，然后坐7个钟头的长途汽车，该是多么辛苦！心里很是感动。

下午3：20，朋友乘坐的客车终于进站。老朋友见面分外高兴，我带着他和他儿子千德来到一家饭馆就餐，为他爷俩接风，也借机好好犒劳一下自己。吃过饭，便来到我早已登记好的西和宾馆休息。

下午5点左右，我们乘车来到晚霞湖。再次来到这儿，倍感亲切。

晚霞湖有一种让人沉静的美。夕阳映照下，湖面清幽，霞波荡漾，泛着赤红的霞光。浮光跃金，静影沉璧，让人不禁想起"落霞与孤鹜齐飞，秋水共长天一色"这一千古名句！沿着逶迤在湖畔的小路，一路闲谈，一路赏景，安然闲适，自是惬意！

农家乐内飘出了久违的野菜香味。我们吃着野菜，我又是一顿炫耀我支教中吃到的野菜，引来他爷俩好一阵羡慕。

吃过晚饭，已是暮色朦胧，便乘车返回宾馆。冲了澡，靠着床头，天南海北地聊天，回忆我们的初中生活。往事桩桩件件，叫人恍惚间仿佛回到了懵懂的少年时代，心头荡漾起无限幸福的回忆。

至深夜，孩子的鼾声响起，我俩方才歇息。

毕业照

6月23日　星期一

下午，六年级孩子拍毕业照，他们像一群出巢的小鸟快乐地叫着，叽叽喳喳，热闹了整个校园。

孩子们的小脸洗干净了，都穿上了红色校服，难得的整齐。随着摄影师"1——2——3——茄子！"的喊声，9名教师、36名毕业生这一瞬间的快乐便定格在毕业合影里。

接下来，孩子们三五成群、自由组合，在校园的角角落落选景拍照，继而走出校门，在河坝里留影。

一楼教室的窗前玻璃后，许多小脑袋羡慕地张望着，一向严肃的王校长也难得地默许了。我这才发现，在这个时候，他们才完全解放自己，释放个性，展现着完全不一样的他们。

家 访

6月24日　星期二

晚饭后，在班长王有飞的带领下，我去王丹丹家进行了家访。今早检查背课文，对于前一课，她依然一个自然段也不会背，又听写了20个词语，好在她写对了2个。在下午的音乐课上，小姑娘又唱又跳，判若两人。这么机灵的小姑娘，为什么学习这么吃力呢？我想通过家访探个究竟。

王丹丹家就在关坝村——离学校不远的一座山脚下。边走边和王有飞聊天，我了解到王丹丹家有三个孩子，丹丹是老小，哥哥在喜集上七年级，姐姐在关坝上四年级，她爸爸妈妈都在家，家里还有奶奶。

转过弯弯曲曲的小路，穿过一家院子，爬上一个小土坡，便见到一位30多岁的妇女笑着打招呼。我以为是丹丹的母亲，说起我来访的原因，她笑着说，她是丹丹的邻居。她引我们来到丹丹家，土坯房，屋子里炕头火盆上搭着一个水壶，正冒着热气，她麻利地提起水壶往热水瓶里灌。她说丹丹的父母去雍家沟给人帮忙盖房子去了。

说话间，屋子里走进一位老奶奶，六七十岁的模样，我猜想她应该就是丹丹的奶奶。老人家又是递烟，又是要烧茶。我婉言谢绝，便有一句没一句地聊起来。

对于我是支教老师，他们不明就里。我只好说就是来义务帮忙的，在这儿教书，时间一年。他们似乎弄明白了，笑着说，这儿的老师大多都待不久，来了，走了，总在换。

我注意到，屋子迎门的墙上贴着三张奖状，是王波波的。经询问，奶奶高兴地说是丹丹姐姐的。说起丹丹的学习，老人家说她不识字，丹丹爹妈经常外出打工，也顾不上孩子。孩子们的学习，全靠他们自己。丹丹从小就爱在人前唱歌跳舞，可就是不爱学习。看来，得从孩子的兴趣点着手了。

临别，老人把我送出门，再三叮嘱我："丹丹不爱学习，老师你就打。"

的确，打是这儿教育孩子的法宝。学校老师也常说娃娃要打呢，你不打他根本不学习。但是，打真的就那么奏效吗？他们天天拿着棍子在敲打孩子，为什么大部分孩子考试却连及格都达不到呢？孩子每天至少在校7小时，为什么有些孩子，你让他翻开书抄写生字，一笔一画地照着样子写，可就是缺胳膊少腿呢？如果说我现在带的三年级的孩子，王利平、雍婷婷、雍文波、刘旭杰等六七个孩子是年龄小，识字能力差，那么，为什么有些六年级的孩子仍然存在这样的问题？他们挨的打还少吗？

我不赞同，我也无力辩白。

但是一年之后，我会把孩子教成什么样，我也不知道。

复习计划

6月27日　星期五

今天，对第四单元做了检测，17份测试卷及格14人，王海强、雍江龙终于迈上了及格线，很是欣慰！特制订复习计划。

进入期末总复习阶段，梳理知识、查漏补缺的同时，一定要盯紧在60分和80分上下浮动的学生，使他们能够稳定在"临界线"之上。同时，因材施教，对王利平、雍婷婷、王丹丹、雍文波、刘旭杰这5名成绩总是在10分左右的学生因材施教，重点做好简单字词攻关，尽可能让他们多识几个生字；对于袁旭鹏、雍海娟、雍爱娟、王丽霞加强督促，实施"一对一"策略，使他们能够在原有30分左右的成绩上往前迈进一步；对王有飞、王璐璐、王波波、马红红、刘婷婷等同学严格要求，发挥他们的引领作用，激发他们的竞争意识；对马兆祥、王婷婷、王田雪、王秀秀等行为懒散的同学，奖励与惩罚相结合，使他们的学习成绩能稳步上升。

麦收时节遐想

6月29日　星期日

随着庄稼慢慢成熟，村里外出打工的人们也陆续返乡忙着麦收。麦收是农人们一年中最忙最累的时节。也许只有身临其境，方能领略其中滋味。

田间地头散乱地堆放着焦黄的菜籽，那是人们将成熟的菜籽用镰刀割下后顺手放下的。地里面留下还泛着青色的正努力地生长，孕育着希望，使自己的果实更加丰满。于是菜籽地里，便如头上斑秃一样，这儿长着一丛，那还长着一簇。也有整块地完全收割了的，人们在地里铺上了一大块塑料布，把收割的菜籽平铺在塑料布上，用棒槌敲打。然后用簸箕、筛子将菜籽滤出、装袋。菜籽杆堆在地中央，一把火焚烧，化为灰烬，作为肥料。而成熟的麦子，则是收割以后扎成小捆，或驮或背，运到车辆能到达的地方，再由车辆运回家门口的空地上，还需等天气晴朗的时候晾晒，再由脱粒机完成脱粒任务，这才算颗粒归仓。

看着人们忙碌的身影，不由想起小时候跟随母亲割麦子的情形。母亲是个很能干的庄稼人。尽管身材瘦小，但干起农活来却抵得过一个庄稼汉子。父亲是个木匠，常年进城务工。每当麦子成熟收割的季节，别人家外出打工的男人都会回到家里务农，我家却总不见父亲回来。我们姐弟三人常常抱怨父亲，而母亲说："回来干啥，就这点庄稼我们就干了，你爸还能多挣几个钱呢！"我们便抱怨起母亲来："钱钱钱，就知道钱！"母亲什么话也不说，挥舞着大镰刀便默默地割麦。只见她蹲下身子，左手拢麦秆，右手挥镰刀，从左往右滑道弧线，一镰刀下去，两行麦秆便倒在她的膝下。她好像浑身总有使不完的劲儿。她左右转动身子，一趟过去，八行麦子便齐刷刷地倒下，就像一部永不疲倦的收割机。母亲似乎在用她的行动告诉我们，这点庄稼算得了什么呢。望着母亲的背影，我们不忍再坐在地头歇息。姐姐割麦四行，比姐姐小3岁的哥哥也割四行，我跟在他们后面割两行。等我们还未割到地中央，母亲已经返身割回来，"唰唰唰"，麦子一片片倒下。母亲汗水如雨，她顾不得擦拭，已从我们身边"唰唰唰"地割过去。

太阳越升越高，炙烤着大地。麦芒在脸上划出了一道道红印，裸露的胳膊晒得发紫，汗水浸透前胸后背，身上痒得难耐，就像被蜂蜇一样难受。麦茬扎破了脚腕，紧握镰刀的手磨出了水泡。饱尝着割麦的苦累和艰辛，真有想哭的感觉。看着姐姐和哥哥已撇下我一大截，更感觉举步维艰。站起身来，看着翻滚的麦浪，越看越觉得看不到尽头。黄了梢的麦子，一浪一浪，翻滚汹涌，夹着难挡的热风，看上去晕晕的。多少次想扔下镰刀，就势躺在麦田里，哪怕蜘蛛爬到我身上我也不怕。但看着拼命干活的母亲，看着哥哥姐姐也不再言语，我便默默地挥动镰刀，使出浑身解数向前追赶。不一会儿，"唰唰唰"，镰刀割麦的声音又近了。抬头一望，母亲已迎面割过来，连同我的两行麦子一起割来。我顿觉内疚，一股滚烫的暖流涌出眼眶。我不再顾及热和累了，拼了命地弯着腰往前割，感觉浑身充满了力量。

正午的热风愈加猛烈，让人窒息。母亲开始把割下来的麦子捆扎成一个个麦捆，我们称麦个子。只见她抓起一把麦秆，两只手一分为二，有麦芒的一头交叉，腾出一只手来一拧，两把麦秆就连接在了一起，我们称为麦腰子。把麦腰子放在一旁，抱起一抱麦子放在麦腰子上，人蹲在麦捆旁，左右手各执麦腰子的一头，用一个膝盖往麦腰子处一抵，双手再一交叉，一个麦个子便捆扎好了。姐姐站在母亲身旁，一边看，一边学，一个麦个子竟也捆扎好了。我和哥哥也想学，抓起麦腰子两头转了一圈又一圈，看似捆好的麦个子还没等我直起身来就松开了。母亲便吩咐我们哥俩把麦个子往地头路边上抱。哥哥比我大3岁，记不清他一次能抱几个麦个子，只记得他像一头小牛犊，肩头上背的，胳膊下夹的，手里提的，像小山似的慢慢移动。体弱多病的我吃力地抱着两个麦个子，"哼哧哼哧"地跟在哥哥身后。

等地里面所有的麦子扎成捆，背到地头，母亲开始往架子车上装麦个子。母亲很能干，一辆架子车竟然能装那么多麦个子，摞得那么高。身材瘦小的她钻进车辕里，拉起车来，像一座山在移动。麦子运到麦场，堆成麦垛，这才歇息。母亲用衣袖擦着满脸的汗水，说："庄稼人就这样。不想干农活，你们就给我好好学习，考出去，一辈子就不用干这庄稼活了！"

17岁那年，我终于以全县第二名的成绩考进了兰州师范。每年放暑假，等

我返回家里，父母亲早都割完了麦子。一座座麦垛浸着母亲多少汗水！母亲总是逢人便说："我的尕儿子，现在是国家人了，再也不用割麦子了。"那份骄傲与自豪溢于言表。是啊，再也不用割麦子了，但割麦的负担全部落在了父母身上。每每想到这时，我都要难受一番。

21岁那年，师范毕业，走进了师范附小，母亲也不再种地，跟着父亲进了城。从此，我们过起了城市人的生活。

眼下又是麦收时节。看着田间地头忙碌的身影，不由得想起了那些年收麦子的情景。

往事如烟。那情那景，历历在目。倘若我把这样的故事告诉我的孩子们，他们的小心眼里会怎样想呢？

阴 霾

6月30日　星期一

临近期末，越是复习，越是发现这些孩子学习上的问题不少，越是心里没底。真不知道一学期的努力都去了哪里，汗水滴进时间的流里，消失得无影无踪。

其实，我还有一个担心，那就是女儿的学习。马上就要升六年级了，期末考试的成绩对她来说很重要，因为对口初中不好，择校的话要看近两年的成绩。在女儿学习最关键的时候，我却不能给女儿丝毫的辅导，只能让电话和QQ捎去我的关切。期中考试后女儿学习确实有了进步，但后半学期到底学得怎么样，我心里还是慌慌的。

"三区"支教群里的老师们都如我一样归心似箭，少了以往的谈笑风生。近日来的阴雨绵绵，让很多老师饱尝了陇南地区的气候潮湿……

这些情绪如阴霾一样，笼罩着QQ群，弥漫在每个人的心间。

七、八月

一座房，两座房，
青青的瓦，白白的墙，
宽宽的门，大大的窗。
三座房，四座房，
房前花果香，屋后树成行。
哪座房子最漂亮？
要数我们的小学堂。

"逃兵"

7月1日　星期二

今天是个特别的日子，因为奶奶的离世而变得更特殊。

下午正在上课，哥哥一个又一个的电话打来，心想一定是家里出了什么事情。赶紧接通电话，哥哥说，奶奶去世了。我心里"咯噔"一下，清明节回老家探望，竟成了最后一面。

俗话说，"七十三，八十四，阎王叫你商量事"。奶奶终究没有跨过八十四的门槛，撒手人寰。恍恍惚惚中，奶奶的面庞又浮现在眼前。两年卧床不起，她日益消瘦的面庞，让人看着就心疼。因为老年痴呆，奶奶早已不认得我了。就是父亲每十天半月回家一趟，在床前侍候两天，奶奶也不认识自己年近七旬的长子了，挂在她嘴边的总是二爹、二妈的名字。或许她的记忆中早已没有了她的儿孙，她的五双儿女，25个孙子。

请假回家奔丧，王校长当即表示情理之中。考虑到路途遥远，王校长说，快放假了，忙完丧事索性休息吧，免得来回折腾，我心里一阵感动。

这些天老在倒计时，盘算着回家的日子，却不曾想以这种缘由提前回家，心里说不出的滋味。正值期末复习阶段，孩子们需要我手把手地领着复习，而我只能丢下他们。学校里老师们本来就很辛苦，但我却将工作丢给了他们。

想到这些，我的心里更是五味杂陈。

我只能像逃兵一样离开。

让梦不再徘徊

7月9日　星期三

办完了奶奶的葬礼，终于回城休息。连日来的辛劳在差不多昏睡了十二个小时后终于慢慢缓解。奶奶突然离世，让我像逃兵一样离开支教岗位，这一个星期不知给关坝小学的老师们添了多少工作量。尽管王校长批了我的假，但我却不能心安理得地享受。蓦然间，感觉如芒刺背。

赶紧跟王校长联系，他说孩子们已经考完了期末考试，我带的三年级语文全学区第一，六年级全县统考结果可能到7月15日以后才能知道，话音里满是担心。要知道，毕业班每年都是全县统考的，孩子们的成绩与校长的荣辱是紧密相关的，甚至直接决定着校长的去留问题。我祈祷，关坝小学毕业班也能取得好成绩。

孩子们的成绩总算上来了，半年的辛劳总算没有白费。但是，细思量又深感惭愧。半年来我能做的，便是尽心竭力教好自己所带的班级，担负着支教地老师们一半多的工作量。

我常常想，一年的支教，难道就是带好一个班的学生吗？我想并不是这样。但我又能做些什么呢？曾几何时，无数次地在心里规划着自己的支教蓝图，我想给身边的青年教师一些力所能及的指导和帮助，我想给孩子们更多的关心和引导，我是真的愿意以我的微薄之力尽可能为这所希望小学做些事的。但是，当面对这样一个岗位，一周带课二十多节，平均每天五六节课之后，疲惫地回到办公室，又是饥肠辘辘的时候，所有的梦想都只能在心底夭折，像肥皂泡一样幻灭。

但是下学期，无论如何我都要改变这种局面，不管是现在还是未来，让梦不再徘徊。

开学第一周

开学第一周，在忙忙碌碌中结束。回首一周的生活，确实很累。简单记录如下。

8月23日，一早驾车从家出发，返回支教地。幸亏有外甥陪驾，这近10个小时的车程虽然辛苦但不孤单。导航引导下，我们从武山下了高速，走了一条废弃的国道，坑坑洼洼，一路颠簸，还遭遇暴雨，终于在天黑时平安到达关坝。假期里才买的新车，练了不到半个月就敢跑长途，山路颠簸，暴雨突袭，至今想起来都有些后怕。

8月24日，送外甥到西和县城，他乘车返回，我顺便带回了高源鸿老师给学校购置的粉笔、水桶、笤帚等物品。

8月25日，正式上课，我带四年级语文、美术，五年级科学、品德，连同早自习和下午的两节辅导课，一周课时24节。语文课本尚未到位，只好先学习本学期课本上的四首古诗。

值得一提的是，新食堂已经竣工，学校面貌焕然一新。但食堂没有开火的条件，一是学校作了摸底调研，吃饭的学生竟然不到三分之一；二是经费紧张，食堂根本开不起来。不过，食堂竣工了，地方宽裕了，老师们有地方办公了，原来在校外的五年级学生也回到教学楼里上课了。

紧张忙碌的工作之余还得自己做饭。慵懒的假期之后，猛然间很不适应。胃病又犯了，只能一天天地挨过去。

九月

西和的罐罐茶，可独酌，也宜共饮；无喧嚣之形，无激扬之态，一罐浅注，清气馥郁，一如我们的支教生活。

给宝贝女儿的一封信

9月1日　星期一

今天，跟着王校长去了喜集，看到他女儿的小出租屋心潮涌动、感慨万千。晚饭后，便写下了这封信。

贝儿：

我亲爱的女儿，此刻，想必你已经沉入梦乡。而我这边，屋外正刮着大风，大雨将至。灯下，爸爸迫不及待地想与你交流，因为，我的内心涌动着无限感慨。

今天下班后，我跟着校长伯伯去了一趟喜集，就是上次我们回县城步行三公里乘车的地方。他要给在那儿上初一的雍娜姐姐的宿舍里接电。你一定还记得雍娜姐姐吧！她腼腆的脸庞总是挂着灿烂的笑容。尽管爸爸也是在农村长大的，但走进宿舍的那一刹那，我还是被那间小屋深深震撼了。

那是一间怎样的小屋呢？只有5平方米左右吧！房间就在喜集学校旁边的河坝上，墙壁是用砖块砌起来的，表皮抹了一层泥，四壁一人多高的地方全糊上了旧报纸。顶上一根横梁上，盖着几片石棉瓦。地是坑坑洼洼的土地。一扇像咱们家窗户上一块玻璃那么大小的小窗户。推开门的一瞬间，阴暗的屋子里弥漫着一股霉味。多么潮湿的小屋！

屋里的陈设也极其简单。一张床，两张桌子，仅此而已！说是床，其实是用砖头支起的一块板子，上面铺了两床褥子。那是雍娜姐姐和她的一个同学睡的床。床的大小还不及你的小床呢！桌子就是你上次到我支教的学校教室里看到的那种可以坐两个人的破旧的长桌子。一张桌子就摆在床头靠窗户的地方，桌上放着一个电炒锅，旁边还立着一块小板子，大概是姐姐们准备做饭用的砧板。另一张桌子就竖着摆在床的一侧，对着门的地方。那是姐姐们写作业的书桌。写作业的时候，她们就坐在床上，趴在桌上写。狭小的空间根本就容不下凳子或椅子。

就是这样的屋子，还没有接上电灯和插座，好在屋子一角留有电线头。校长伯伯从小屋前面的商店里买了一截电线、一个灯泡和一个插线板，便开始忙活。往屋顶横梁上穿线时，校长伯伯用一只手轻轻一顶石棉瓦，我竟看到了天空！我真担心这样的屋顶会漏雨，或是来一阵大风会把屋顶掀了去。这样的屋子，冬天该有多冷，夏天该有多闷！多么简陋的小屋！

就是这样一间小屋，一年的租金竟然要1000元，这还不算水电费。房租两人分摊，估计雍娜姐姐也得掏600元吧！这可是雍娜姐姐的妈妈一个月的代课费啊！你可能会问，他们为什么不找条件好一点儿的房间？原因很简单，房间条件越好，租金自然也就越贵。再说，在这种山大沟深的地方，条件也不会好到哪里去。

此刻，屋外正下着大雨，不知道在这样的风雨交加的夜晚，雍娜姐姐她们能不能睡得安稳？

贝儿，我的女儿，看到爸爸这封信的时候，想想雍娜姐姐，她只比你大一岁，你的同龄人小小年纪，就住在这样的小屋里，就在这样的环境下求学，不知道你会作何感想？

你总是抱怨爸爸，为什么要千里迢迢跑到陇南支教？为什么不能陪在你的身边？对于爸爸来这儿支教的意义，你会慢慢地明白。其实，刚开始我也有过怨言，为什么我会被分到这么偏远的山区？我也总在担心，没有暖气的冬天，我该如何度过？现在看来，小朋友们都能在那样艰苦的环境中生活，我还有什么可畏惧的呢？没有什么过不去的坎，没有我们战胜不了的困难。

夜已深，爸爸想说的话还有很多，不再赘述，只想告诉你，珍惜我们拥有的幸福生活吧！与雍娜姐姐，与生活在偏远山区的小朋友们相比，你实在是太幸福了！当然，与校长伯伯，与常年生活在这里的人们相比，我也倍感幸福。所以，让我们拥有一颗感恩的心，热爱生活，积极面对生活中的种种考验，我们一定会迎来更加灿烂的明天！让我们一起努力，好吗？

祝我的宝贝女儿健康快乐、学习进步！

爱你的爸爸
9月1日

177

教师流动

9月3日　星期三

这学期，学校里有4名教师流动。

代课老师王桃花辞职了，听说她的女儿在外地开了一家铺子，她帮着去打理了。我不知道当了近20年的代课老师，她辞职时是怎样的心境。她心里有没有过一种希望，等待着国家突然有政策，能够给他们转正？她离开时，是不舍、无奈还是失望？

代课老师小郭被调到关坝上面的铜水小学了。

学校里新进2名女教师。一个是正式的，从陇南师专毕业，叫王武霞，和我搭班，带四年级数学、三年级语文。一个是新聘的代课老师，叫杜娟娟，带二年级语文和学前班。她们都是20岁出头的姑娘，刚刚走上讲台，朝气而有活力。

希望关坝小学补充了新鲜血液，工作能有新起色。

让教学简约

9月4日　星期四

今天早自习，检查昨天的背诵作业，全班同学能熟练背诵的仅仅9个人。

要求背诵的是《鸟的天堂》部分段落。这是一篇精读课文，因此在教学时我作了认真研读和备课。本文教学的重点是引导学生想象"鸟的天堂"的美丽景象，体会作者两次去"鸟的天堂"的不同感受，教学难点是体会描写大榕树特点的语句。

教学中，我引导孩子们慢慢品读课文。

作者第一次经过"鸟的天堂"，是在一个"太阳落下了山坡，只留下一段灿烂的红霞在天边"的傍晚时分，这一次，他没有看到鸟，只见到高大茂盛、充满生机的大榕树。这部分重点刻画大榕树的美丽：先写远看榕树的情景，再写近看榕树时枝干和绿叶的情态，展示出大榕树的勃勃生机。在饱含情感的描写之后，作者发出由衷的赞叹："这美丽的南国的树！"

作者第二次来到"鸟的天堂"，是在阳光照耀下的早晨，他见到了鸟飞鸟鸣的热闹情景。文中写了鸟声、鸟影，让人应接不暇；写了鸟的形态——大、小、花、黑；还写了鸟的各种姿态——叫、飞、扑；最后，又专写了一只画眉鸟，采用点面结合的方法描写了鸟的可爱和它们在"天堂"里生活的情景。从作者的描写中，我们不仅知道了这里的鸟儿数量众多、种类繁多，而且分明感受到了它们生活的自由和快乐。

自以为下了很大功夫，当堂还做了指导背诵，晚上又布置了背诵作业，但孩子们的学习情况显然不好。我开始反思自己的教学：如何让教学再简约一些、更有效一些？

边远贫困地区小学教育现状浅析

9月6日 星期六

这个周末"闭关"，待在房里没出门，完成了这篇论文。

2014年3月，甘肃省启动了"三区"人才支持计划的教师专项计划，笔者以一名支教者的身份走进了陇南市西和县洛峪镇关坝小学。在半年完全沉浸式的教育教学工作中，对这里的教育现状逐渐有了一些粗浅的认识和了解。或许是管中窥豹，我国边远贫困地区小学教育的整体薄弱状况并没有完全地扭转，在师资力量、教育观念、办学条件以及学生生源等诸方面仍然存在着一些比较突出的问题，阻碍了农村小学教育的顺利发展。现做一浅析，以期抛砖引玉，引起大家的思考与探讨。

一、师资缺乏、力量薄弱是制约学校发展的根本原因

代课老师在边远贫困地区小学仍占有较大比重，真正科班出身的教师比例非常低。代课教师自身知识水平不高，有的竟是小学毕业生，用老师们的话说，就是"兵带兵"。他们本身知识结构老化，教学观念落后，教学方法陈旧，教学方式简单。在他们心里，没有《课程标准》；在他们手里，没有《教师教学用书》。他们拿一本《教材全解》作为唯一的教学参考。以语文课堂为例，和30多年前笔者所受的小学教育模式保持着高度的统一。他们教学的法宝不是读就是抄写。每节课除了老师念一句学生跟着念一句，就是老师在黑板上写什么学生跟着在笔记本上抄什么。课堂上抄写多音字、形近字，抄词语解释、抄段落大意和中心思想。学生书写没有笔顺规则，没有间架结构。师生将考试作为学习的终极目标，"死教死学"现象普遍存在。因为在他们心里，每年统考就是最后的检验场。上级部门只是将学生的卷面成绩作为评定教学成果的唯一标准。新课改对于他们来说永远都是海市蜃楼。

另外，教师教学任务繁重，他们没有专业可言，在大多数情况下，学校缺

哪一科教师，就安排新分配来的教师教哪一科。村级小学教师在很大程度上没有自主性、没有选择权，因为学校的困难就摆在那儿。这样不但不利于教师教学工作的开展，更不利于学生的发展。教师们的课程表上排满了课程，几乎是"万金油"，带这个年级的语文、那个年级的数学，还要加上若干节音、体、美等课程，已是普遍现象，还有个别低年级采取包班教学的方式。这无疑又增加了教师的教学难度，教学质量也难以保证，学生学习效率必将大打折扣。老师们疲于应付自己的教学，根本没有时间相互交流、相互学习、相互听课、相互切磋，更别说做什么教学研究。再从学生的角度看，他们每一天、每一周甚至几年下来都只看到老师的一张面孔，只接受同一种教学模式，学生没有任何新鲜感，学习效果可想而知。为了抓好教育教学质量，很多学校不得不延长学生在校时间。老师们的奉献精神毋庸置疑，但原始落后的教学方式，不但不能适应当代教学的需要，而且加重了师生负担，消耗了他们大量时间和精力，取得的却是事倍功半的教学效果。这成了农村小学教育发展难以逾越的一道坎。

有一种现象不容忽视，这里的教师队伍很不稳定，他们很难在这里扎根。教师们来了，走了，连孩子们都说不出已经换了多少老师。其一，有相当一部分大中专毕业生来到这里，思想上根本就不愿意植根于农村，而是把农村学校作为积累经验的跳板和岗前学习的场所。他们有的一边任教，一边复习准备各类资格考试；有的刚刚熟悉了教学常规后便想方设法调入县城。其二，待遇低下，极大地影响了农村教师队伍的稳定和农村教育质量。即使是代课教师也很不稳定。试想，月薪600元的待遇怎么能稳住当今物欲横流的时空背景下一个获取正常生活水平的人？

二、教育教学设施缺乏、滞后，严重阻碍着教育教学的发展

我们欣喜地看到，公路沿线一幢幢教学楼拔地而起，在低矮的平房中无异于鹤立鸡群，格外显眼。然而，只有走进这些山区小学，你才会发现，虽然新校舍盖起来了，办学条件有了很大改善，但缺乏现代化的教学设施，电视机、投影仪、电脑等都十分匮乏。当今社会信息爆炸与乡村小学信息源短缺造成极大的矛盾。有限的几台电脑要么上不了网，要么干脆闲置。学生别说上网查资料；就连老师，手头纸质资料都少得可怜。教师依旧靠"一支粉笔、一张嘴"进行教学。

很多山区小学教育教学设施缺乏、落后，甚至无法开展正常的教学活动。

很多学校都没有诸如微机室、音乐室、图书室等功能型教室。音、体、美这些课程几乎被语、数课代替，科学、品德等课程教育教学差不多都是照本宣科。偶尔听到校园里歌声飞扬，几乎是教师唱一句歌词，学生跟着唱一句。对于曲谱，教师自己都无法视唱，学生根本不认识。再如，篮球、乒乓球等体育设备的质量和数量都无法满足教学的需要。体育课几乎就是学生的自由活动课，推推搡搡、打打闹闹，在安全方面存在隐患。

三、留守儿童家庭教育缺失是学校教育面临的一大难题

农村家长为生计纷纷外出务工，短则几个月回来一趟，长则一年见不到孩子一次面，更有甚者，有部分家长外出打工，在外组建家庭，从此一去不返。这些留守儿童大部分由爷爷奶奶照看，或溺爱有加，或放任过度。老人们由于自身文化限制，对留守儿童仅是生活起居的照管，根本无力胜任孩子们的思想、学习和身心健康发展的教育任务。他们管不了，也不会管，使得留守儿童在家庭教育这方面严重缺失。还有少部分孩子父母外出打工，家里没有爷爷奶奶的，只能自己照顾自己，他们要承担起家务、做饭、喂牲畜，甚至田间耕作的繁重劳动。这些留守儿童中有相当一部分孩子家境贫寒，如果不是享受义务教育和免费的营养餐，孩子很可能会辍学。另外，多子女问题在这里尤为突出，每个家庭少则两三个，多则七八个。

教育的缺失，把本应由家庭、学校共同承担的教育责任全部推给了学校和教师。老师们无怨无悔地扮演着教师、父母的双重角色，履行着对这些留守儿童的教书育人的工作。他们不怕吃苦，而令他们伤透脑筋的是，好不容易灌进孩子们脑子里的东西，孩子们很快会遗忘得一干二净。老师们无奈地说："学校苦教五天，不如周末两天；教师苦教一学期，不如孩子一个假期。"

我们期待，甘肃省教育厅下发的《关于全面改善贫困地区义务教育薄弱学校办学条件的实施意见》能早日落实，"五年内全面改善薄弱学校基本办学条件，并使这些学校的师资配置趋于合理"。面向乡镇以下农村学校培养能承担多门学科教学任务或"一专多能"的教师，优先安排免费师范生和特岗教师到这些地方任教，并在职称晋升和绩效工资分配上向这些老师倾斜。

我们知道，农村教育一直就是在落后中步履蹒跚地前进。虽然国家也出台了许多政策来扶持农村教育，但是农村的小学教育问题任重而道远，这要依赖于全社会的帮助扶持。

值 周

9月8日　星期一

这周轮到我值周。

早上，安排好班长王有飞组织早读，我便挨楼层巡视。

先从一楼学前班转起。教室里乱哄哄的，40多名小同学像一窝小鸟叽叽喳喳地叫着，王爱珍老师正拿着笤帚帮孩子搞卫生，见我进来，王老师喊一声："安静！"教室里立刻鸦雀无声。开学才半个月，孩子们还什么都不懂，也真是难为了老师。见孩子们好奇地望着我，我对孩子们的表现提出表扬："同学们真乖！老师一说安静，就能立刻安静下来，真听话！你们看，王老师多么辛苦，既要给我们上课，又要帮我们搞卫生，所以，我们也应该做最懂事的孩子。来，把书打开，我们一起读——"刚拿起一个孩子桌上的书想起个头，王老师已经搞完卫生站在了我身旁："曾老师，我来吧！"我把书递给她，便走出教室。

一位老奶奶正牵着一个小女孩走过来，小女孩边走边哭，头发乱糟糟的，好像连脸都没有洗，看来刚开学还不习惯。"明天可不能迟到了！"我假装严肃地说。小女孩又用袖子抹了一把眼泪。老奶奶不知道说了一句什么，便领着孩子走进学前班教室。

来到一年级教室门口便听到朗朗的读书声，门半掩着，透过窗户玻璃，王马厚老师正坐在讲台旁。

往前走，二年级孩子们也是书声琅琅。他们趴在桌上，用手指读着课文。我走进教室，杜娟娟老师手捧书正在走道里转。见我进来，孩子们抬起头来，略一停顿又开始了朗读。我打断孩子们朗读："同学们的声音很洪亮，是一楼三个班表现最好的班级。不过，老师要给大家提个醒，读书的时候把身子挺起来，用两只手把书拿起来，"我顺手拿起一个孩子的课本，"就像老师这样。"孩子们听话地跟着我学。"对，真聪明，就是这样。身子坐起来了，读

书就有气势了。咱们是二年级的同学了，再也不能用手指头指着字来读书了。来，让我们把这篇课文从头开始再读一遍。"

"秋天的图画，起——"

同学们坐起身子，两只手捧着书，大声读起来："秋天的图画……"杜老师站在远处笑着看着我，我也笑了笑，希望她能很快上手。

二楼、三楼转了一圈，各班都是书声琅琅。

中午放学，组织路队。

午间，各班巡视，维持秩序。

下午上学，检查卫生，统计考勤。

晚上放学，组织路队，值周总结。

这便是一天的值周工作。

早 读

9月9日　星期二

晚上放学后，跟王校长说起值周的事情，让全体老师都参与值周，参与学校管理，这举措很不错！我建议应该有一个值周日志，每天对值周工作做一简单记录。王校长当即表示这个建议好。

我又提到早读的事情。早读时间那么长，孩子们只是扯着嗓子，齐读齐背，形式太单一。半年了，孩子们每天都是这样，声音洪亮，整齐划一，一切看起来都很美好。但我总觉得，这是一种表面的热闹和繁华，真有一种"小和尚念经——有口无心"的感觉。不知多少孩子被裹挟其中滥竽充数，就像我班王利平、王丹丹那样的孩子，课文能熟背，字却不认识。否则，每天一个多小时的早读该有多大的收获！

王校长笑着听我讲完了对早读课的见解，倒是很体贴老师们的辛苦，他说，老师们课时量本来就很重，早读课到教室转转、看看，维持一下课堂秩序就可以了。孩子们即使灌灌耳音也好啊！再说，也有老师讲课、批作业的，不是挺好吗？我一时竟无言以对。

我知道，这是长期以来形成的习惯，要改变绝非朝夕之事。何况，我只带着老师们差不多2/3的课时量，为免让老师们觉得我没事找事，我便不再言语。

我能做的，便是悄悄地带好自己的班级。

教师节

9月10日　星期三

今天是教师节。

这儿没有任何活动。教师之间、学生们连一句节日的问候也没有。

这要是在我们兰州师范附小，这一天，学校LED屏幕会打出节日标语，校长说不定还会在校门口组织少先队大队委给老师们送上鲜花。孩子们也会手捧着贺卡、鲜花等小礼物给老师送上祝福。校园里洋溢着浓厚的节日氛围。可是这里，跟平常没什么两样。

中午吃饭时，王校长端着饭碗进来聊天。说起教师节，他笑着说："能有啥活动？成天忙的。"突然想起，上周他还找我帮他修改优秀教师事迹材料，不是要参加什么评优选先吗？他不好意思地笑了："黄了，原本是把名额给我了，后来又给别人了。"原想跟他再建议，其实学校应该有表彰会或是庆祝活动，但看他落寞的神情，嘴边的话只好咽下去。

抓好入学教育　培养良好习惯

9月12日　星期五

著名教育家叶圣陶先生说过："教育是什么，往简单方面说，只有一句话，就是养成良好的习惯……"在长期的教育教学工作中，使我深深地懂得小学阶段是孩子成长的起步阶段，也是人的基础素质形成的开始阶段，而低年级则是良好习惯养成的关键期。作为他们的启蒙人，应该如何把握好这一关键期？如何让学生养成一系列的良好习惯？我认为，必须重视入学教育，以良好学习习惯的养成为突破口，让他们在尽可能短的时期内适应学校生活，积极、主动地学习，快乐、健康地成长。

我们知道，低年级学生处在一个重要的转折和适应时期。随着新生入学，学习成为他们的主要活动，这与以往的幼儿教育和学前教育有着极大的区别。因此，给儿童的心理与行为都带来了重要影响。而小学生学习行为又同其他行为方式（如生活习惯）有着密切的联系，它不仅对学习的本身，而且对学生道德品质以及心理的和谐发展都会产生一定的影响。因此，良好的学习心理品质以及行为习惯的养成对于学生本身，对于形成和完善儿童个性，对于儿童的主体发展乃至提高整个下一代的素质，都具有重要的影响。

"没有规矩，不成方圆。"一年级学生由于年龄小，自控力差，纪律涣散，在很大程度上影响了他们对知识的学习以及对学习本身的兴趣。这些倘若不能及时、有效地加以引导和规范，往往会使孩子输在起跑线上。如果我们采取简单、粗暴的方法，则会适得其反。周弘老师在《赏识你的孩子》一书中就谈道："学校应该是知识的海洋，而现实情况是上学后，一些孩子亮晶晶的眼睛变得暗淡无光了；能问十万个为什么的却变得一个为什么都问不出来了；上学前'好孩子'的感觉也被'坏孩子'的感觉取代了！"怎样让孩子的眼睛始终亮晶晶的，使他们喜欢学习、喜欢学校，需要我们必须从入学教育抓起，从培养学生良好习惯入手，引导他们及早适应小学教育。

一、激发兴趣、培养情感

（1）在图画中感受。课堂是教育教学的主阵地。从人教版义务教育课程标准实验教科书《入学教育》教材安排来看，由四幅图组成。第一幅图以"欢迎新同学"为主题，第二幅图以"学习语文很快乐"为主题，第三四幅图以"良好的读写习惯"为主题。学生刚入学，对学校生活还不了解。四幅图画是学生了解学校生活的窗口。教师可以指导学生按照一定的顺序认真观察每一幅画面，说说画面上有什么人？他们在做什么？他们可能在说些什么？通过自主观察图画、讲述画面内容，学生逐步了解学校生活，感受学习氛围。知道在课堂上要做些什么，该怎样去做。教师切忌用单纯的讲解代替学生对画面的观察和感受，更不能把这些生动、鲜活的画面变成教师的要求反复再反复，强调又强调。这可能会使孩子还没上跑道就吓得连跑步都不会了。

（2）在情境中演练。因为学生的年龄特征和知识水平，在观察、讲述之后，还可以创设情境演练，使入学教育形象化、直观化、具体化，从而落到实处。例如，图一展示了新学期开学，校园内欢乐、有序的场景。校门外，老师正在迎接到校的同学。有的小同学结伴来到学校，有的小同学在家长的陪同下来到学校。画面上，一个小同学正在听妈妈说着什么，一个小同学正在和自己的爸爸说"再见"，另一个小同学正在和老师互相问好。校园美丽而整洁。教学楼高高矗立，五星红旗迎风飘扬，有几个同学正在扫地、浇花。通过观察此图，学生可以初步了解学校生活的一些侧面，感受老师的亲切，并学习一些简单的礼貌用语。在教学时，师生可以模拟每天入校见面时的相互问候，同学见面后热情打招呼等。

由于各个学校的情况不尽相同，还要把观察图画和观察本校校园结合起来。例如，带领学生参观校园，引导学生了解：我们学校的旗杆竖在哪儿，它是干什么的，我们怎样举行升旗仪式；还可以把学生带到旗台前，在讲述参加升旗仪式的要求后，播放一段国歌，师生共同模拟向国旗行注目礼；我们学校的操场在哪儿，那里有哪些体育和游戏设施，课间、课后我们应该怎样在那里游戏、锻炼；甚至我们学校的厕所在哪儿……都应一一指给学生，让他们熟悉我们的校园环境。

二、示范引导、常抓不懈

正确的读书、写字姿势和执笔方法，是在长期的学习过程中逐步形成的，但起步的训练十分重要，入学教育要为学生养成良好的习惯打好基础。例如，观察第三四幅图时，要指导学生认真看图，知道什么是正确的读书、写字姿势和执笔方法，同时要给学生做出示范，引导学生模仿图中人物练一练，教师逐个检查，发现问题及时纠正。"重要的是使孩子们从每一步前进中感到克服困难的愉悦，收获的愉悦，达到新境界的愉悦，战胜自我的愉悦。"

教师还要注意发现学生中做的好的，及时表扬，树立榜样。一句"看谁能像××坐得那么端正！"要比"你看，你怎么总是坐不端正呢？"奏效得多。《学习的革命》中有这样一段话："约翰·艾略特的经验再一次成为榜样：使每一个人不仅仅被鼓励做一个学习者，而且被鼓励做一个老师。"被表扬的孩子心花怒放，被指导的孩子相信也会心情愉悦。

养成好的习惯绝非一朝一夕之功。教师在此后长期的教学活动中，依然要重视良好的学习习惯的养成教育，对学生严格要求，随时提醒，及时纠正，常抓不懈。

三、诵读儿歌、自我教育

儿歌是学生喜闻乐见的一种形式，我们可以利用儿歌或创编儿歌在每节课铃声响起时诵读，以强化认知，培养习惯。例如，"丁零零，上课了，快进教室来坐好。学习用品放整齐，等待老师来上课。老师说话认真听，提出问题多动脑。回答问题声音响，大家夸我学习好。"如果条件允许，还可以运用多媒体辅助教学，用孩子们喜欢的卡通形象作为他们的学习小伙伴，在课前、课中随机出现，以此激发学生学习兴趣，提高教育教学效率。

俗话说："磨刀不误砍柴工。"学生良好习惯的养成教育不是入学教育的全部内容，更不是两三个课时就能结束的，要坚持不懈。因此，我们教师要有一张"婆婆嘴"，勤说善引导。还要针对学生实际，挖掘更多富有针对性的入学教育内容，利用晨会课、班会课学习学校规章制度和《中小学生日常行为规范》，并且在课后注意观察学生的行为，根据学生的表现在学生中树立榜样。在日常学习中，时刻注意调动学生的积极性，使学生逐渐养成上课专心听课、认真做作业、下课好好休息、讲文明、讲礼貌的好习惯。

走"亲戚"

9月14日　星期日

这个周末，我们过得很愉快。

在赵五初中支教的张翅飞老师开车带着在西峪支教的王巧红老师和在稍峪支教的柴英萍老师，路过洛峪镇接上了西和三中两位支教同人：50多岁的胡仁芳老大哥和单身小伙子宁毅，5人于周六上午11点到达关坝。我煮了一锅洋芋和玉米来接待他们。在这里需要特别说明：这玉米是我的四年级的学生从将要成熟的玉米地里为我精心挑选的。虽说不那么鲜嫩，但还可以入口。再者就是家长送来的核桃。除此之外，我再也拿不出什么好东西来招待他们了。原想从关坝村里买一只鸡炖上，但王校长说，村里养鸡的人不多，不好买，再说宰杀也比较麻烦，只好作罢。

胡老师确实是一位老大哥，考虑事情很周到、很细心。他来时从镇上买了一只鸡，已经剁成块，还买了一袋做大盘鸡的调料。中午，他和柴老师给我们做了大盘鸡，配上了柴老师做的拉条面真是美味！

饭后，我们一起畅聊支教生活的苦与乐。我们谈转化后进生的故事，谈帮助贫困生的经历，谈指导青年教师的收获，也谈支教生活的困难。支教生活是痛并快乐的。虽然条件比较艰苦，但我们是幸福和充实的。我们踏踏实实地工作，全心全意地付出，我们坚守我们的职责，我们无悔我们的选择。

后来，我们又到峡口转了转，然后到西和三中，柴老师为我们做了西红柿面片。他乡遇故知，吃着家常饭，聊着家常话，竟是这般亲切。当晚我们住在了三中。

次日早起，胡老师为我们煮罐罐茶。西和的罐罐茶，可独酌，也宜共饮；无喧嚣之形，无激扬之态，一罐浅注，清气馥郁。围着电炉子喝着茶，就着饼子，很是惬意。

吃完早点，我们驱车到西峪中学包饺子。热热闹闹的，就像过节似的。

两天时间，我们像串亲戚一样，大家互相了解着对方支教的环境，丰富了我们的支教生活，也收获了珍贵的友谊。

在这里，有一件事还需要记载：从喜集到西和县正在修路。路很难走，有三处"限宽门"，惊心动魄。驾驶技术需要赶快提升。

不可思议

9月15日　星期一

早自习时，班上一名孩子没有到校。值周老师迟迟没有见，心里便有些担心，孩子怎么会到现在还没来上学？打发班长王有飞把情况反映给了班主任，得到回复"没事的！"一问孩子们才知道，有病有事时家长很少跟老师请假，老师也不会打电话去问。我心里想，万一出什么意外怎么办？

无独有偶。早自习快下课时，我正在给孩子们听写生字，教室里走进一位老妇人。我以为是旷课学生的家长，便想上前询问，她却径直走向一名孩子，在孩子手里塞了一串钥匙，用西和话唧唧咕咕，不知道说了些什么，转身就离开了教室。自始至终没有跟我说话，甚至连看都没看我一眼。

家长旁若无人地进出课堂，跟进出自己家一样寻常，真叫人不可思议！

提 议

9月17日　星期三

食堂建起来了，操场也收拾平整了。孩子们还是一天8节课，没有任何活动课程。因为师资紧张，缺乏音、体、美专业教师，这些课程几乎被语、数课代替，偶然有老师会把孩子们带到操场上，孩子们整节课都是自由活动，推推搡搡，打打闹闹，在安全方面存在隐患。科学、品德课程教育教学差不多都是照本宣科，大多都是等到六年级才开始重视起来。

我想，要想方设法丰富孩子们的校园生活，得让活动开展起来！

午饭时跟王校长聊起来，他说困难重重。老师们本来工作量就大，师资水平也很有限，怎么开展呢？我把我的想法和盘托出，他听后高兴地答应了，并鼓励我说，就按照你的想法做吧！

我的想法是这样的：用活动带动年轻教师，以活动促进学校工作。

一是从广播体操学习开始。鼓励年轻教师在体育课时间给学生教广播操，然后由高年级学生带动低年级学生。这样一来，既增强学生体质，又丰富了学生生活。

二是初步尝试集体合作上"大课"。为了减轻大家的带课任务，更好地丰富学生生活，我想尝试和年轻教师们一起上"大课"，利用每周固定的一个下午两节课时间组织全校学生，在学校新建的食堂大厅里上音乐课，或是开展少先队活动。

感 冒

9月18日　星期四

灰暗的天空，绵绵细雨，送来阵阵寒意。后背总感觉凉飕飕的，喷嚏一个接着一个。

下了早自习，我飞奔回到办公室，又在衬衣下添了一件秋衣，这才暖和一些，但终究没能躲过感冒的侵扰。中午时分，头晕脑涨，浑身发冷。赶紧翻箱倒柜找出常备的感冒药冲服，然后打开电褥子，闷头便睡。

下午一点的广播音乐响起的时候，感觉自己仿佛沉睡了好长时间。浑身的骨节都被拆散、松垮了。真想闭上眼再睡会，但想到已是上班时间，还是硬撑着起床。下了一碗挂面，就着榨菜，暂时填饱了肚子，人也似乎有了些精神。

唉！"人是铁，饭是钢。"说得一点儿都没错。

作文教学反思

9月19日　星期五

下午作文课，给孩子们上观察作文《有趣的胖大海》。课后，细细地回味一下，有成功之处，也有不尽如人意的地方，反思如下。

一、常言说"兴趣是最好的老师"

要让学生想写、乐写，就必须从激发他们的兴趣入手。只要能激发学生学习兴趣，调动起他们的积极性，作文教学就能顺利进行了。因此我选择了对于他们来说较陌生的胖大海进行观察，以激发孩子们的兴趣，使他们有话想说。在观察胖大海的整个过程中，孩子们边看、边想、边说，注意力始终高度集中，沉浸在观察和发现的喜悦中。

二、教学设计环环相扣，有层次

本课的设计，力争让学生产生写作的灵感和欲望。同时，在谈话中，教给他们写作的方法。例如，在汇报观察没放入水中的胖大海的样子时，引导学生可以从物体的颜色、气味、表面入手或用摸一摸等方法进行观察。在此基础上鼓励学生加入合理的想象，运用比喻等修辞方法。整节课设计做到了层层深入，水到渠成。

三、学生观察能力欠缺，需要加强指导

在观察"放入水中的胖大海发生哪些变化？"这一环节上，尽管花费了很多时间，但学生的观察所得很有限，想象不是很丰富，语言表达贫乏。另外，自拟题目对孩子们来说还是有一定难度。

下周起，将领着孩子们生豆芽，写观察日记。

让想象插上语言的翅膀

——《有趣的胖大海》教学设计

设计思路

"留心周围事物,乐于书面表达,增强习作的自信心。"是小学中高段学生习作的基本要求。吴立岗教授构建的作文教学序列中也指出:"小学中高年级要通过观察活动培养学生形成典型表象的技能。"中高段学生观察能力迅速发展,重点进行观察写作,通过观察周围的事物,有自信心地、不拘形式地写下自己的见闻、感受和想象。本设计以"有趣的胖大海"为载体,在观察胖大海的整个过程中,让孩子们看看、想想、说说、写写,让他们沉浸于观察与发现的乐趣中,在发展语言能力的同时发展思维能力,激发想象力和创造潜能,使孩子们"易于动笔,乐于表达"。

教学目标

(1)拓展学生的写作空间,乐于有创意地表达。

(2)引导学生学会观察的方法,善于观察。

(3)以胖大海为载体,激活学生的想象力和创造力。

(4)让学生学会按时间顺序有条理地作文。

课前准备

胖大海、玻璃杯、热水。

教学时间:一课时。

教学过程

(一)质疑导入,激发兴趣

(1)同学们,今天老师给你们带来了一份神奇的礼物,你们想不想看?(板书:神奇)

(2)下面我想采访一些同学。请问:你此时此刻的心情如何?

(3)出示胖大海,谈话:神奇的礼物就放在你们桌上。说说你看到这份礼物的心情。

【设计意图】前后心情对比,加深学生印象,为学生作文找素材。

（二）认真观察，充分想象

1. 观察果实

（1）师：同学们，现在请你们仔细观察一下它是什么样的？可以用眼睛看，用手摸，用鼻子闻。

（2）学生自主观察。

（3）交流汇报，相机点拨：如果能用上比喻、拟人等修辞方法，你的介绍就更形象、生动了。

（教师首先要肯定观察仔细、说得清楚明白的学生，其次要通过比较评价让学生明白在观察的同时加上想象会更有意思，会把句子说得更形象、更生动！）

（4）师：它可能是什么种子呢？请同学们猜猜看。

（5）揭晓名字（板书：胖大海）。

引导学生质疑：为什么这么一颗小小的干瘪瘪的种子会取这么奇特的名字呢？

（6）师：让我们一起来做个实验，你就会知道其中的奥秘、感受到它的神奇了。

【设计意图】教给学生用眼睛看、用手摸、用鼻子闻等观察方法。

2. 观察变化

（1）给每一小组发一个透明塑料杯，倒上热水，请同学们把胖大海放入杯中，仔细观察一下它发生了怎样的变化。

（2）学生一边观察，一边交流。（主要分成两大阶段）

①（2分钟后）现在，谁能告诉老师，从胖大海放下去那一刻开始到现在，你的杯中发生了怎样的变化？你看到了什么？

在学生交流的过程中，通过评价引导学生学会使用"先"、"接着"、"然后"、"慢慢地"、"一会儿"、"最后"等表示时间变化的词语。通过比较评价让孩子们进一步体会到充分发挥想象，用上比喻、拟人等修辞方法，会把句子说得更生动、形象。

②（4分钟后，胖大海经过热水的浸泡变得又胖又大了。）

这时候，你们杯中的胖大海成什么样了呀？

在引导学生观察的过程中，教师要给学生足够的自由，要鼓励学生学会说出自己的想法，不要轻易否定任何一种可贵的发现，要给孩子们的想象加油打气！

（3）你们发现了吗？除了胖大海发生了奇特的变化以外，还有什么也发生

了变化？（引导学生用时间词说一说水的变化）

（4）品尝味道，交流感受。

（三）自主习作，互动评价

（1）刚才，我们一起观察了胖大海由小变大的整个过程，同学们都说得很精彩，下面你能不能把你的观察所得按照时间顺序有条理地写一写？（学生可参考板书）

（2）师巡视指导，帮助有困难的同学，并把好的习作标上记号。

（3）互动评价

① 学生自评。师：三分文章七分读，写好的同学把自己的大作美美地读一读，改一改。

② 抽样导评。

选择三篇具有代表性的文章。其中一篇在条理、表达上有所欠缺，指导学生学会如何把条理写清楚，语句写通顺。

请小作者大声朗读自己的作文。指导学生学会欣赏，诚恳建议。

师：你觉得这篇文章的哪些地方写得很好，特别吸引你呢？你要给他提什么小建议吗？

③ 小组互评。

【设计意图】通过各种形式的评价充分发挥作者、教师、读者三位一体的效应。引领学生愿意将自己的习作读给别人听，与他人分享习作的快乐，逐步培养孩子自我修改作文的能力。

（四）补充资料，思维拓展

你现在觉得它神奇吗？

（1）补充资料：胖大海，梧桐科植物的干燥种子，生长于越南、印度、马来西亚等地，俗称"大发"，因其浸水之后裂皮发胀、膨大充盈而得名。又名莫大、膨大海、安南子、大海子、大洞果、胡大海、胡大发。它有润肠、清肺、排毒等功效，能治咳嗽、咽喉肿痛、便秘等疾病，往杯中加入少许冰糖或白糖，连服两三天就能恢复健康。

（2）如果你有一杯热气腾腾的胖大海，你想送给谁？为什么？

（3）同学们，你们虽然很小，但你们的心很大，你们想得很远、想得很多，如果说这节课老师给你们带来了神奇的种子，老师更希望这粒种子能种到大家的心里，关爱别人，学会感恩，懂得回报。

（4）如果以这节课内容让你写一篇作文，你想写什么内容？自拟一个题目。

（五）总结延伸，引导积累

今天我们一起通过看看、摸摸、闻闻、尝尝认识了这有趣而神奇的胖大海。再加上丰富的想象，你们写出了一篇篇有意思的文章，真了不起！其实大自然中还有许许多多有趣的东西，像羞答答的含羞草，软绵绵的蜗牛，好玩的溜溜球……只要我们用心观察，就会发现很多新奇的东西，写出更多属于你自己的观察日记，为习作准备大量素材。下一周，我们一起生豆芽菜，学习观察方法，训练我们的观察能力，好吗？

【设计意图】一堂课的观察毕竟是有限的，我们要把有限的课堂延伸到无限的生活中，调动学生观察的积极性，让我们的孩子学会关注生活、观察生活、发现生活！

板书设计：

神奇的
胖大海

看前：高兴、迫不及待、紧张……

看后：高兴、失望、迫不及待……

样子：像眼睛、像枣核、满身皱纹……

变化：像木耳、像绒球、像小姑娘头上扎的蝴蝶结……

计 划

9月20日　星期六

早上，我约了高源鸿一起进县城。

路上，我把周三跟王校长说起的活动计划说给高源鸿，他听后连连赞同，觉得可行，老师们一定乐意接受。这给了我很大的信心。

进城洗了澡，买了一周的肉、菜，还专程陪着高源鸿去了趟他未来岳父母家。他女朋友还在外复习考试，小伙子到了家以后忙里忙外，俨然是家里的壮劳力。

下午四五点，我们回到了关坝。

晚上，我叫了住校的高、杜两个年轻人一起来包饺子。一边包饺子一边说起活动计划。杜娟娟当即表示，她可以给孩子们教广播体操，不过她也不会唱歌。高老师说他可以配合杜老师教广播体操，还推荐张文博给孩子们上音乐课，只可惜张文博这个周末回家了。

我欣慰地说："不要紧，有机会再跟他商量，有你们两个人支持，我相信我们一定可以把活动搞起来，慢慢地，我们再吸引更多的人加入进来。"

统一思想，凝聚共识，做事就有了劲头。我们计划先做一星期准备，到下下周开始实施。

信 心

9月22日　星期一

晚饭后，我见高源鸿还在操场上练习篮球，下楼跟他聊，他说周末就要到县上参加全县的篮球比赛，得抓紧再练练。

站在食堂门前，听见楼上广播体操的音乐声。循声上了二楼，原来杜老师正在大厅里对着手机学习广播体操。小姑娘说干就干的认真劲儿让人感动。没敢打扰，悄悄下了楼。

望着高源鸿汗流浃背的背影，我心里想：年轻人就是有活力！一天七八节课，废寝忘食，乐此不疲。这些更坚定了我搞好活动的信心。

豆芽长大了

9月25日　星期四

今天第一节课走进教室，见同学们围在讲台旁的一张桌子前，叽叽喳喳地叫着，好不热闹！见到我进来，有同学激动地喊："豆芽长大了！"我走近生豆芽的透明瓶子前，揭开纱布，同学们惊叫起来："哇，豆芽长大了！"

我索性拿起瓶子，好让同学们看得更仔细。孩子们有的踮起脚尖，从上往下看，有的弯着膝盖从瓶子下面看，有的睁大了眼睛，鼻子都要贴到瓶子上，透过瓶身往里面看，我笑着观察着他们，让他们仔细地看、尽情地说。

"好，还是跟昨天一样，说说今天有什么变化？谁先来说？"我开始了每天的课前引导观察、表达。

雍江龙首先发言："经过了一夜，芽已经长了一大截，最长的已经有一厘米。"

王丽霞笑着说："黄豆胖胖的身子，豆芽弯弯的，像小蝌蚪一样。"同学们哈哈笑起来，我也笑了："这个句子好！用到了比喻句。"

王有飞说："有的黄豆可能是太热了，已经脱掉了外衣，白白嫩嫩的小豆芽又细又长，很好看。"

"会观察，还会想象，用到了拟人的修辞手法，真厉害！那有的黄豆呢？"

"有的黄豆还在懒洋洋地睡大觉呢！"马赵祥抢着说。

同学们哄堂大笑。

"我觉得马赵祥这句话说得很形象！"我表扬了马赵祥，又问坐在他旁边的袁旭鹏，"懒洋洋地睡大觉，你说说看，指的是哪种黄豆啊？"

袁旭鹏被突然问到，一时不知道该怎么回答了。

"当然指的是还没发芽的豆子了！"我摸着他的脑袋说，"同学们都这么积极，都在抢着说，你呀，就让自己的大脑好好睡大觉吧！"

同学们再次笑起来。

"有的黄豆可能是太热了，已经脱掉了外衣，白白嫩嫩的小豆芽又细又长，很好看。还有的在懒洋洋睡大觉呢！还有的在干什么呢？"我循循善诱。

"还有的，才发出一点儿小嫩芽。"王有飞说。

"好！谁能把这三种不同状态的黄豆连起来说一说？"

……

"这三种状态的黄豆连起来的时候，要不要注意一下顺序？"

……

"现在开始，分小组连起来说一说，然后动笔写下来。"

就这样，我们在轻松愉悦中尽情地观察，自由地表达。

大锅饭

今日停电一天，说又是村里电路检修。学校没有一口热水。

课间，王校长让几个年轻人把搁置在储藏室的炉子又抬回他的办公室。王爱珍老师为大家做饭。午饭是洋芋块炖汤就馍馍，晚饭是酸菜挂面。

尽管饭菜很简单，但大家吃得很香。似乎只有这样的时候，大家才有机会聚在一起，说说笑笑。

白天不懂夜的黑

9月27日　星期六

昨天，李小平名师工作室送教下乡到礼县，我把下午的课调到上午上完后，便驾车到礼县城关小学参加活动。王校长特意嘱咐，希望在礼县活动结束后能邀请他们到关坝小学来。

妻子和女儿也乘车同行。家人和同事在礼县相聚，倍感亲切。今天活动结束后，提到王校长的盛情邀约，师傅李小平抱歉地说学校只准了两天假，他们当天就得返回兰州。真想和他们一同回兰州，但想到学校人手实在紧张，只得作罢。我驾车带着妻子和女儿从八九十公里外的礼县赶回关坝。

女儿嘟囔着大老远来了，也不能带她到别处去转转。我一路上解释，最近学校人手实在紧张。代课老师王桃花这学期辞职了，高源鸿参加全县的篮球比赛，新分配的一个女老师准备结婚也请假了，我们6个老师带着7个班，已经熬了两天了。女儿惊讶地睁大了眼睛，不再言语。我告诉她，再坚持三天咱们就去游遍陇南。她这才又高兴起来。

回到关坝，当我把师傅他们请不了假的事情告诉王校长，他一脸的不高兴，大概在想我们6个老师带着7个班都已经上了几天课了，你们七八十个老师，就三四个老师多请假一天就不能运转了？

唉，白天不懂夜的黑啊！这或许就是城乡之间的差别吧！

当老师的感觉真好

9月28日　星期日

今天，正常上班，把上六年级的女儿送进了六年级教室。下面是女儿的一篇日记，以记录这个特别的日子。

当老师的感觉真好

曾文睿

今年国庆前夕，我和妈妈去了陇南市西和县关坝小学，去看望在那儿支教的爸爸。

我和妈妈到那个地方时，他们还在上课，于是我也到六年级的教室里和那儿的同学们一起上了一天课。

早晨，走进教室，同学们用热烈的掌声欢迎我，老师特意把第一排靠讲桌的位置留给我。等坐下来我才发现，课桌是两个人用的那种长桌子，桌面早已经褪了漆，上面很是粗糙。教室里除了旧课桌就是前后两块黑板。最让我意外的是，下午，他们有一节课是音乐课。可是那儿根本就没有专职的音乐老师，听同学们说，他们很想上一节音乐课，他们的老师就推荐我当音乐老师，教他们唱歌。教室里立即响起雷鸣般的掌声，那掌声热烈而持久。我带着羞涩和忐忑走上了讲台，他们用一双双渴望的眼睛正盯着我，好像在说："你给我们教吧！"说实话，我还是有些紧张，但看到他们那真诚的眼神，听到他们那热烈的掌声，我所有的紧张在这一瞬间竟消失了。

于是，我就教了我最拿手的一首歌——《茉莉花》。我教一句，他们唱一句。同学们学得很认真，当唱到"芬芳迷人满枝桠，又香又白人人夸"这一句时，同学们有些开始跑调。当时我想，既然让我来给他们当老师教唱歌，我就一定要好好教。我没有泄气，一遍一遍地教，他们一遍遍地跟着学。慢慢地，他们终于唱对了调子。同学们的脸上露出了笑容，我也感到很高兴。

这首歌，同学们大约跟我唱了十几遍，就全学会了。他们的老师也站在讲台上同我们一起唱这首歌。渐渐地，我们的歌声越来越响亮，越来越优美。

"丁零零"，下课铃声响了，但同学们还在起劲地唱着"好一朵美丽的茉莉花，好一朵美丽的茉莉花……"歌声久久地回荡在校园上空。

当老师的感觉真好！今天我非常快乐，因为我把歌声与微笑带给了山区孩子们。今天我才真正明白，爸爸来这儿支教的意义。

十月

时光不语，静待花开，这是一种平和的心境，是一种追求的状态。它需要我们在付出努力之后，仍保持一颗宁静的心，不急不躁，不温不火，温柔相伴。

梅园沟民宿

10月9日　星期四

　　"十一"期间，自驾游陇南，从西和出发，一路经成县、康县、武都、宕昌，然后回家，驾驶技术有很大长进。同行的还有柴老师、张哥两口子。

　　最难忘的是康县羊坝梅园沟。梅园沟位于康县阳坝镇，距康县县城80多公里，林木茂盛，湖光山色，风光绮旎。这里无山不青，无水不秀，走进梅园沟仿佛走进了一方原始而秀美的胜地。

　　而我最不能忘的是康县县城的一对中年夫妇。因为贪恋美景，一路上走走停停、玩玩闹闹，等返回县城时已经晚上9点了，县城的几家宾馆人员爆满。正后悔没有预订宾馆，一家宾馆服务员热情地介绍我们到当地一家民居住宿。道路绕绕弯弯，开车几分钟便到了一家小二楼。一进屋，就见到那对中年夫妇。两口子热情地招呼我们上楼。宽敞的客厅，两间卧室，都是大床，房间收拾得干干净净。谈起价格，女的快言快语，一夜100元。我们很是满意。

　　放了行李，中年夫妇便招呼我们坐在客厅沙发上。很快，女的便提来了一个热水瓶要为我们沏茶，我们赶紧拿出自己的水杯接水。说话间，男的从楼下端来一盘水果，热情地招呼我们吃。我们再三感谢，女的宽慰我们："都是自家地里种的，不值钱的。"

　　第二天一早，等我们一起床，两口子端来了酸汤面，我们也没再客气。临行前，我们拿出300元给他们，女的只收了100元，说："不是说好一夜100吗？"

　　"是啊，你给这么多干什么？"男的也笑着说。

　　原来两间房共100元。多余的，他们说什么也不肯收。

　　"青山郭外斜，绿树村边合。"

　　青山绿水，风景怡人，民风淳朴，叫人怎能不留恋？

易混拼音教学谈

10月11日　星期六

汉语拼音是学生识字、阅读、学讲普通话的工具。牢固掌握其声、韵、调和拼音方法，是学习汉语拼音的关键。但汉语拼音的教学相对抽象和枯燥，别说对刚入学的儿童来说有一定难度，就是对小学中年级的学生，部分"孪生字母"也叫他们煞费苦心。

我们知道，小学生对事物的感知还比较笼统，不够精确，注意力也很不稳定。因此，教师在教学过程中要指导学生善于观察事物的主要特征。例如，b—d、p—q总让一些学生混淆，教师可以采用顺口溜，同时配以简笔画，引导学生识记其中一个，帮助学生记忆，进而达到区分的目的。例如，d：队鼓鼓槌d d d——d；p：举着红旗上山坡——p。在此过程中，师生齐读儿歌。教师在黑板上板画，学生用手指在桌上跟着画，倘若学生高兴，还可以演一演。相信学生会在轻松愉快中牢固掌握。

小学生的记忆，一般都是以机械识记、无意识记、形象识记为主导。这既是小学生心理发展的特点，同时也与小学生语言、思维的发展和知识、经验有关。为此，教师既要充分发挥他们机械记忆力强的特点，让他们多读一些。多记一些，同时又要注意培养他们向理解识记、有意识记和抽象记忆的方向发展。

声母、韵母是记录汉语拼音音素的符号。每一类字母的发音都有一定的规律。教学时，不能仅靠死记硬背，还要指导学生掌握其发音方法及其规律，达到事半功倍的效果。

在汉语拼音教学中，声母和韵母的教学占有很大分量，是教学的重点。在这部分内容中，复韵母和鼻韵母的教学则是一个难点。

教复韵母的发音时，由于舌位、口型都要变化，要让学生注意观察和体会。ai是学生接触的第一个复韵母，要让学生熟练掌握，为学习后面的复韵母做好奠基，找到突破口。首先可告诉学生，"复韵母是由两个单韵母组合而成"，再引入ai的"发音动程"。ai的发音，是有由a到i的发音变化的过程，舌位由低到高，口型由大到小。教学时，如果忽略这个"动态过程"，就会发成a的单音或i的单音，或者念成a（阿）i（姨）。要避免这种现象，就要让学生多看教师的口型变化，同时仔细听，并把发音的规律告诉学生，让学生有规律可循。ai的音不是a的读音和i的读音相加，而是这两个读音的有机糅合。发音时，先张大嘴巴发a的音，口型由大到小很快滑向i，a读得长而响亮，i读得轻短模糊，中间气不断，这样发出的音就是ai的音了。学生掌握了这一要领，发音就会准确。

发音、拼音是口耳之学。对于易混淆的"孪生姊妹"ie—ei，ui—iu，先让学生根据ai的发音要领自己比较、分析读音，并尝试发音，然后由教师反复示范，让学生观察、听准、体会发音的要领和方法，即从前一个字母快速滑向后一个字母，一气呵成。"当孩子们在帮助下自己去发现那些基本规则时，他们学得最好。"（彼得·克莱恩《每日天才》）最后，再让小组同学互相读，互相纠正。"约翰·艾略特的经验再一次成为榜样：使每一个人不仅仅被鼓励做一个学习者，而且被鼓励做一个老师。"（《学习的革命》）掌握了发音规律，碰到这些易混拼音时，只要按发音要领读一读，注意"发音动程"，明确字母的先后顺序，就能"明辨是非"。如ie是由i滑向e，ei是由e滑向i，是ie还是ei，一读便明了。

整个教学过程既讲清楚了复韵母发音时的舌位的滑动、口型的变化等关键问题，又使学生能够举一反三，为继续学习复韵母打下了基础。

"汉语拼音部分，每课都编排了一首儿歌，还配了精美的插图。儿歌中标红的字母是本课新学的声母或韵母。这样编排不仅增加了趣味性，有利于发展学生的语言，而且增强了汉语拼音与识字、阅读的联系，使学生了解学习汉语拼音的作用。"（九年义务教育六年制小学语文第一册《教师教学用书》）因此，教师还要趁热打铁，注意引导学生在运用中复习巩固。充分发挥插图的作用，使字母的字形和具体事物联系起来。通过朗读儿歌，使学生在语言环境中复习运用。在运用中巩固，在巩固中提高，逐步掌握汉语拼音，充分发挥汉语拼音的多重作用，提高学生的语文水平。

广播体操

10月13日　星期一

从今天开始，杜娟娟老师开始给孩子们教广播体操。我们和王校长沟通过，就利用每天下午的第四节课，从三、四、五年级开始。

杜老师边示范边讲解动作要领，我和高源鸿两人一边组织教学，一边巡视指导。刚开始，孩子们因为从来没有做过广播体操，觉得既新鲜又难为情，动作放不开。慢慢地，随着杜老师的讲解、示范，便开始进入了状态。高源鸿严格要求，侧重纠错，指导动作规范化，我注意发现表现好的学生，对注意力集中、动作标准的学生给予及时表扬，摸摸头，竖个大拇指。就这样，在我们三个人的配合下，原计划每节课教一节操的目标20分钟就完成了。对于孩子们的出色表现，我们给予了充分肯定。接下来，我们分年级自由练习，各年级挑选了几个小老师做示范、指导，我们站在旁边观察。孩子们活动的主动性和积极性被充分调动，练习得越加认真和投入。

随后，我们趁热打铁，开始了第二节体操学习。

放学铃声响起时，第二节操也基本掌握了。我们毫不吝啬对孩子们进行表扬。随后，要求孩子们回家后好好练习，还可以给自己的兄弟姊妹或邻居小朋友当小老师教一教。他们一个个脸上露出灿烂的笑容。

今天的活动给人太多启迪。

一是赏识。赏识的教育方式是老师的法宝，更是学生快乐和自信的源泉，恰当的赏识会使老师同学生一起在幸福中教与学，而且能达到事半功倍的教育效果。"不是好孩子需要赏识，而是赏识使孩子变得越来越好。"

二是合作。正所谓"众人拾柴火焰高"或者是"三个臭皮匠顶个诸葛亮"。

商 讨

10月14日　星期二

晚饭后，找王校长交流上"大课"的想法，他对我们的广播体操训练很是满意，还提出周末让我们进县城买一个移动音响来，这样教操、做操、搞集体活动也方便一些。我对他的大力支持表示感谢，他笑着说："我得感谢你啊！平常总是忙于教学等各种事务，我一个人也顾不过来。多亏你带动，这学校有了活动才有了生气。"

说起"大课"，他说，不如先集中精力把广播体操训练抓起来，照我们的训练进度，学生半个月就可以熟练掌握了，然后全校推广，让其他年级学生跟着做。等到广播体操全校学生都能熟练了，再抓"大课"。对他的安排和考虑，我当即赞同，"十月抓体育活动，十一月搞艺术活动，这样一月一主题，月月有活动，主题鲜明，也有实效。"他听了，说我真会表达，说起来一套一套的。

其实，对于王校长，我是完全理解的。他也想把学校搞得生动活泼，但当上级部门最后的考评直指学校教学成绩，把这个成绩全县排名当作决定校长去和留、任和免的唯一指标时，他只能把自己作为每一届毕业班的把关老师，用洪荒之力抓成绩。

他曾笑着调侃自己："别人是查漏补缺，我是女娲补天。"这是多么痛的自嘲！

惩 戒

10月16日　星期四

今天午休比较安静，学生不像往常那么吵闹。下午才知道原来是王校长值周，他一个中午没有休息，专门治理吵闹现象。他在各班上巡视，一旦发现吵闹厉害的学生，便罚他们去搞厕所卫生。

这一招可真灵，学生吵闹的问题得到了解决，厕所也干净了不少。大半年来，午休时间总能看到他忙碌的身影。有好几次还看到他亲自带着学生清扫厕所。

看来，赏识是教育的瑰宝，惩戒也是必不可少。

静待花开

10月17日　星期五

语文早读课改革实施得非常顺利，受到了学生们的普遍欢迎，而且成效显著。

我们改变了以往单一的从头至尾齐读齐诵的早读形式，把它分解成领读、齐读、比赛读、自由读、展示读和听写等多个板块。在今天的早读课中，他们带给我太多的惊喜。孩子们兴趣盎然，积极性很高，全身心地投入到各个活动中去。他们的行为也悄然发生着变化，不再扯着嗓子读背课文，眼睛东张西望，而是变得专注，喜欢读书了，喜欢交流和发表自己的看法了。

在"诵读展示"中，展示的学生马育霞自信从容，精神饱满，语音清晰标准，仪态变得大方了。台下的同学听得津津有味，点评也越来越能说到点子上。雍江龙的"她要是能够把书再放低一些，就不会把脸遮住了"，马红红的"她读得这么流利，听得出，她昨晚上一定下了很大功夫"的点评赢得同学们一阵阵掌声。这种良好氛围使同学们进一步领略到朗读的魅力，激起了诵读的热情。

再如，"早间听写"环节，我从第三单元的词语中抽了10个词语进行听写，9个同学全对，5个同学错了一两个词语。这成绩还是很鼓舞人心的。

时光不语，静待花开，这是一种平和的心境，是一种追求的状态。它需要我们在付出努力之后，仍保持一颗宁静的心，不急不躁，不温不火，温柔相伴。

选购音响

10月18日　星期六

今天，我驾车带着高源鸿进县城。我们走遍了几家大的商城，对便携式移动音箱先做了整体了解，然后细细对比。一是看品质、看外观。那些杂牌子、看着不好看的音箱，我们首先排除。二是掂重量。一般来说同档次的音箱，重量越重的质量便越好。重量越重，表明音箱的各种材料正宗，没有偷工减料。这还是我们从店主跟前学到的音箱的选购技巧。上网一查，果然有道理。三是对比声音效果。

店主笑称："你俩像挑对象一样！"

"对象是给自己挑，这可是给公家挑，不能马虎！"我笑着回答。

最后，我们选定了一台拉杆式的万利达音箱便开始跟店主磨价格。软磨硬泡，店主妥协，我们满意而归。

"控辍保学"攻坚战

10月22日　星期三

今天关坝停电，中午跟着王校长到喜集九年制学校吃饭。

到了喜集，食堂里正热闹，老师、学生都在打饭，刘校长正在窗口打饭，看到我们热情地招呼，然后转头给大师傅安排："给他们每人两个馒头，一份菜，刷我的卡。"

我们连声向刘校长道谢，打了饭便跟着喜集的一位老师到他宿舍去吃饭。新粉刷的宿舍里摆着四张床。我们把宿舍里几张学生课桌摆在一起便坐在床头边吃边聊。

"这些学生太不像话！"那位老师咬了一口馒头，把馒头放进饭盒里，气愤地说。

原来，新建的食堂里配了消毒柜，给孩子们统一配置了铝合金饭盒。孩子们吃完饭自己洗饭盒，然后放进消毒柜里，消毒柜按年级划分了区域。可是有些顽皮的孩子不好好学习不说，连饭盒也不洗，吃完饭随便一扔，到第二顿打饭时就拿消毒柜里别人的饭盒用。

唉！也真是的，学校里提供这么好的条件，孩子们就是不知道珍惜。

回来的路上，王校长说起，这些孩子实在难管理，老师们还不敢管得太严，弄不好人家就不上学了，老师还得到人家家里去请。更有甚者，有学生竟公然跟老师叫板："我可是校长请来的！"

每年春节后，总有个别孩子辍学，跟着村里的大孩子外出打工。因为在他们看来，打工是迟早的事情，学习跟不上便开始厌学。寒假里，每天和务工回来的小伙伴混在一起，抽烟、聚会、打游戏。外出打工的心思占满了孩子们的心田，谁还管寒假作业和开学呢？

为全面贯彻落实党中央、国务院关于义务教育"控辍保学"工作部署，进一步提高义务教育巩固水平，打好脱贫攻坚战，提高巩固率，控制辍学率，让

218

"该入学的一个不少，已入学的一个不走"，加强"控辍保学"，切实保障适龄儿童少年受教育权利，保障农村义务教育学校学生的健康发展，提高义务教育的质量，促进义务教育的均衡发展，学校从上往下层层签订目标责任书。每年春节过后，学区领导组织召开"控辍保学"专题会议，就具有辍学苗头或疑似辍学学生基本情况进行全面了解，然后进行原因分析、制订工作措施、逐个入户，深入学生家中，有针对性地做好这些学生和家长的思想动员工作，以确保学生正常到校，老师们戏称"给学生拜年"。但凡有学生辍学，老师、班主任、校领导都得想方设法劝学生回校，接受九年义务教育。劝返的学生，人虽是坐在教室，但哪有心思学习？"我可是校长请来的！"自然便成了这些孩子恣意妄为的"尚方宝剑"。

"控辍保学"，真是一场持久的攻坚战！

王武霞结婚

10月26日　星期日

今天，学校里王武霞老师出嫁。

一早，我开车带着王校长、老校长、王马厚和高源鸿四位老师往王武霞娘家走。她娘家就在仇池山方向的西高山。一路上，王校长说："这学期才上班两个月就结婚，来年有个娃班也上不了了。如果她对象再帮忙一调动，还没熟悉学校情况就调走了。"话语间满是担心和无奈。

是啊，老师们来了，走了，从来就不消停。仅这一个学期，学校里就有四个人流动。

一路上聊着天，车子绕绕弯弯开始上山。走了40多分钟，车子爬上了西高山。又走了大概一刻钟，来到了王武霞娘家杜山村。

结婚嫁妆

一进屋，乡土味极浓，气氛热烈。屋外窗户下的嫁妆看得人眼花缭乱。崭新的两床绸缎被子前，摆满了毛巾、杯子、镜子、香皂等零碎小物件。两个红色盆子里装满了缝制的新布鞋，差不多十来双吧，最是引人注目。布鞋里还有绣花的鞋垫，很是喜庆！

农村人喜欢热闹，一家有喜事村里家家都来喝喜酒，满院子都是帮忙的人。厨房台面，大厨和帮厨们都在忙着做喜宴。院子一角支起了大锅，桌前摆满了炸好的丸子、鸡块、鱼等，还有准备好的各色凉菜，俨然一个满汉全席，着实壮观！

坐在院子里桌前喝着茶，亲朋好友慢慢多起来，七八桌客人其乐融融。一会儿，开席了，新娘新郎还没见人影，原来新娘去县里面盘头了。按照这边的风俗，今天是娘家人办喜事，明天新郎才会来娶亲。

慢慢地，院子里更加热闹了。人们一边吃着喜宴，一边开始猜拳喝酒。老校长说，农村人平时都比较忙，好不容易遇到喜宴都会好好享受一番。好酒之人要在宴席上较量一下酒量，许久不见的朋友也要互相道一下家长里短。

酒足饭饱后，男人们继续开着玩笑喝着酒，女人们在一旁拉着家常。等我们起身离席，收拾了桌子，又一轮客人就座。

我喜欢这种流水席，因为充满了人情味，还有家乡的味道。

十一月

「我们是共产主义接班人，继承革命先辈的光荣传统，爱祖国，爱人民，鲜艳的红领巾飘扬在前胸……」歌声回荡在大厅里，充满了激情和力量。

成绩出来了

11月4日　星期二

今天，期中考试成绩终于出来了。

我任教的四年级语文及格率55%，优秀率25%，平均分59.4，学区四所完小排名第一。

在放学后的总结会上，王校长特意提到了我的成绩，提出表扬，要大家向我学习。总结会一个劲儿地讲教学质量，讲教学成绩，其实都是在讲教学的结果。至于教学的过程谁也顾不上问。肚子咕咕叫了，王校长仍在侃侃而谈。

我暗自思量，在这样一个以成绩论英雄的乡村小学，幸亏成绩第一，否则还有什么颜面给年轻人做示范引领、站在人家面前策划活动？

坚守课堂，狠抓成绩，慢慢突围，才是正道。

广播体操大检阅

11月7日　星期五

经过三个星期的不懈努力，全校广播体操算是能跟着音乐整齐地做起来了。

早读课下课，师生齐聚操场，学生集体展示，教师观摩，算是近期扎实训练成果的一次大检阅吧！同学们精神饱满，步伐整齐，动作有力，迸发出无穷活力，展示出朝气蓬勃、积极向上的精神面貌。

最后，王校长作了简要总结，肯定了我们20多天的辛苦付出，表扬了同学们刻苦训练、拼搏进取的精神，还要求同学们以后每天都要像今天这样认真做操。

回顾这段时间的辛苦付出，我们丰富了同学们的校园生活，增强了体质，磨炼了意志，感觉所有的辛劳都是值得的。

炉火的温度

11月9日　星期日

今天，我办公室终于搬来了炉子，开始生火了。

办公室不再那么冰冷，想回家的念头似乎也不再那么迫切与强烈，想想连自己都觉得可笑。原本是最怕生火的，这些日子却是如此渴望生火。

上星期，关坝村电路检修，连续三天白天停电。冷一些，可以多穿点，但停了电连吃饭都成了大问题，甚至连泡一碗面也是奢望。心底里便生出莫名的火来。温饱都成了问题，还工作什么呢？真想赶紧离开这里。但我心里清楚，我不能做一个逃兵，我得在这里认真地完成我的支教使命。尽管听说已经有个别支教的同人回了家，尽管心底里也是很想回家的。

坐在办公室穿着羽绒服，或是身着保暖内衣蜷缩在厚被窝里。在一天天的咬牙坚持中，炉火终于生起来了，心竟然也跟着办公室的温度热起来了。要知道，关坝小学只有我的办公室热起来了。

我告诉自己：善始善终，无怨无悔，坚守岗位，默默耕耘，播撒希望。

"造物无言却有情，每于寒尽觉春生。"寒冬已来临，春天的脚步将不再遥远。

家长会准备

11月11日　星期二

明天下午，学校将召开全校家长会。王校长早在几天前就告诉我，要我在家长会上讲话，提前做好准备。我当时想，也没什么可准备的吧，随便说说也就罢了。

今天下午王校长过来找我，要我帮他看看他准备在家长会上讲话的发言稿，放学后他还特意召集大家在他办公室开会，就为明天下午的家长会。我这才感觉到家长会不能掉以轻心。于是打开日志本认真地写起家长会的发言稿。

尊敬的各位家长朋友，各位父老乡亲：

大家下午好！首先，作为关坝小学的一名教师，对大家的到来表示最热忱的欢迎和最诚挚的感谢。欢迎大家走进学校，与老师们一起交流孩子的教育问题。感谢大家在这样寒冷的天气，放下手头的农活，对学校工作的支持。

今年3月，甘肃省教育厅启动了"三区"人才支持计划教师专项计划，兰州市对口帮扶陇南市，90名教师来到陇南9个县区，咱们西和县来了14名教师。带着领导的期望与嘱托，怀着满腔的憧憬与热忱，我走进了这支支教的队伍，走进了关坝小学。来到这里，才真正体会到城乡之间的差异，特别是城乡教育的不均衡。

说实话，来到这里，最初真的很不适应，但关坝小学的老师们像亲人一样，热情地接纳了我，给了我很多真诚的关心与帮助。再就是各位父老乡亲，每天走出校门，无论我走到哪里总有人热情地打招呼，嘘寒问暖，使我远离家乡却并不感到孤单。有一些家长总是硬塞给我一把青菜、一袋核桃、几枚鸡蛋……这是我半年来收到的最好的礼物，这段经历也将成为我这一生最美好的回忆。所以，我今天首先要说的话就是感谢！感谢命运让我与你们相识，感谢所有给我关爱与帮助的人，谢谢你们！请允许我向你们鞠躬致谢！

其次，我想说的便是感动。自从来到这里，我便被老师们无私奉献的精神深深地感动着。下面，不妨请大家跟我一起来算一算老师们超大的工作量。关坝小学现有7个教学班，每天8节课，每周5个工作日，一周总课时280节课。上学期毕业班的孩子每天下午还多上一节课，每个周末上半天、一天已成为常态。而教师，包括我在内只有9名，平均每人的周课时31节之多。而学校照顾我，给我安排了20多节课。这样一来，大部分老师几乎满负荷地运转，一天七八节课，从早忙到晚。而我们知道，教师这个职业需要用声音、用热情来传授知识、来教育学生。很多老师一天下来往往声嘶力竭，有时候累得声音嘶哑，甚至感冒、发烧时仍坚持在工作岗位，这是何等的辛苦与敬业！大家知道吗？我所在的学校里老师们的平均课时量十多节课。通过比较，我们不难发现，这儿老师们的工作量之大！再从收入来看，每月两三千元，而我们的代课老师每月仅仅600元。各位家长，特别是常年外出打工的年轻家长，咱们不妨再把他们的工资与我们打工的收入做一比较，他们工资的高低便不言而喻。所以，他们理应得到我们大家的尊重！是他们坚守在自己的工作岗位，敬业爱岗，默默付出，传承人类文明的薪火；是他们在为我们的留守儿童无私奉献，呕心沥血，开启孩子们智慧的大门。因此，我建议让我们把最热烈的掌声送给我们最辛劳、最伟大、最可亲可敬的老师们！我还想借此机会对我们的同学们说：同学们，我们的老师辛苦不？（辛苦！）那就跟着曾老师一起向老师们说一声："老师，您辛苦了！"

接下来，我要重点给大家讲的，也是我借今天的家长会给各位家长的几点建议。

第一，转变观念，转换角色，做好孩子的第一任老师。

半个月前，一次偶然的机会，我和一位外出打工回来的家长朋友闲聊。我说，你短短的几个月就把我们老师一年的工资挣回来了。这位家长朋友笑着说，我们哪能和你们老师相比？我们出门在外挣钱受累不说，还受气啊！别人怎么看待我们？我们就是农民工啊！说话间流露出外出打工的辛酸与苦累。是啊！我们干着最重、最累、最脏的活，却不被他人尊重。这是我们的悲哀，也是社会的悲哀！那么请问：您愿意让您的孩子在长大以后仍然重复您今天的生活吗？您愿意让他继续干最重的、最累的、最脏的活，而不被人尊重吗？各位家长在外打工，应该能够深切地感受到知识的重要性，难道要让你们的孩子重蹈你们的覆辙，让你们的孙子继续当留守儿童吗？我们总是只看到眼前的利益，外出打工赚钱，却没有从根本上改变这样的局面。所以，我们得转变观念，转变角色，家长是孩子的第一任老师啊！我们得和学校的老师一起担负起教育孩子的使命。

第二，给孩子创造一个相对较好的学习环境。

大半年的时间，我先后走访过很多学生家里。我注意到，不管家里条件如何，孩子们总是没有一张书桌。我看到，孩子们或是跪在炕桌前写字，或是趴在炕沿上，再就是坐在小凳上趴在椅子上写字，甚至有学生趴在炕上写字。亲爱的家长朋友们，给孩子准备一张书桌吧！我们没有条件给孩子单独的房间或是书房，但给孩子准备一张书桌是完全可以做到的。让孩子端坐在书桌前，有学习者的样子。

再就是给孩子必要的指导和帮助。一是配合学校买切实需要的复习资料，二是给孩子买必需的学习用具。好多家长朋友抽着黑兰州香烟却不肯给自己的孩子买辅导资料，孩子们总有零花钱买零食，却总是舍不得为自己买些文具，这种现象是值得我们深刻反思的。

第三，尽量和老师多联系，及时了解孩子的发展状况。

各位家长长期在外，家庭教育的主体由父母变成了其他抚养者，其中绝大多数是年迈的爷爷奶奶等祖辈，还有一部分是其他的亲戚。老人们一般年龄偏大，身体健康状况较差，文化程度偏低，对孙辈较为溺爱，其他亲戚因为孩子不是自己的，可能会出于各种原因放任自流，导致对孩子的监管不力甚至根本不管。在这种情况下，孩子几乎完全由学校监管，老师成了与孩子们接触时间最多的人。因此，老师是最了解每个孩子情况的，孩子有什么问题、有什么需要等，大多情况老师是比较熟悉的，而且老师作为专业的教育者在许多方面能够在你、你的孩子和你的孩子的教育方面给予意见和建议。因此，要注意与学校和老师保持经常性联系，及时了解孩子学习、思想等方面的情况。

第四，努力和孩子多沟通，让孩子感觉到你的爱。

各位家长外出打工，多久回家一趟？半年还是一年？而回来一次，在家陪孩子的时间又是多长？不会很长。这样就使亲子之间接触的机会减少了太多，而孩子特别是小学生是最需要亲情的，他需要你的陪伴。因此，建议在外的家长们经常给孩子打电话，不管你有没有事打个电话说说话，问问这几天学习、生活上有什么开心、不开心的事，有什么想对你们说的话，甚至可以告诉孩子你在外打拼的艰辛，把你们的亲身体会告诉他们。这些看起来好像在浪费

时间，浪费你的电话费，但是就是这些"废话"在无形中拉近了你和孩子的距离，你的这一举动让孩子明白，你们虽然不在身边，但是，你是关心他的，你是爱他的。爱是需要表达的。如果条件允许，在孩子假期时，把孩子们带到你们的身边，让他们利用假期去参观你们工作和居住的环境，让他们去亲身体验你们的辛劳。

有人说，使人成熟的并不是岁月，而是经历。支教是一种经历，是一种磨炼，更是一种人生财富。感谢生活，让我有这种经历，感谢大家给我的温暖与关爱。

最后祝大家身体健康，生活幸福！祝孩子们健康快乐地成长！谢谢大家！

家长会

11月12日　星期三

今天下午召开了全校家长会。

午饭后，便陆续有家长走进学校，坐在操场上孩子们早就准备好的凳子上，一边晒着太阳，一边抽烟聊着天。眼前这一切，让我不由得想起小时候生产队里开大会的情景来：年幼无知的我们自由穿梭在大人群里，全然不管广播里社长讲话的声音。

下午上课铃声响起时，操场上已经黑压压坐了一二百人。全校学生整队站在家长身后。在家长的人群里，我惊喜地看到一些年轻的面孔，想必是打工回来的。

会议由张文博老师主持，在校长讲话后，我作为教师代表发言。看着台下一张张专注的脸庞，我庆幸自己作了充分准备。当讲到"是啊！我们干着最重、最累、最脏的活，却不被他人尊重……难道要让你们的孩子重蹈你们的覆辙？"我分明看到有的家长眼里噙着泪花。我知道，我的话触到了他们内心最柔软的地方。当讲到给他们的几点建议时，我又临时拓展内容，讲了城市里家长们为孩子做些什么。我不知道今天的发言对他们到底能起到多大作用，但是可以肯定，至少在此时此刻，他们是有触动的、有想法的。

会议第三项是颁奖典礼。对各年级单科成绩前三名、双科成绩前三名的同学颁发了奖状。领奖的孩子，个个露出灿烂的笑容。每一位家长都为他们送上了最热烈的掌声。

随后大会结束，各班召开家长会。

我办黑板报

11月15日　星期六

早上，洗了衣服，开始办操场上两块黑板报。

上周，看到操场上两块黑板张贴的宣传画经受日晒雨淋，一张字迹已看不清了，另一张上的画已经撕开一个大口子，给王校长提议不如撕掉办成黑板报，他说下周有空了再办。

自己也不太会画画，办啥样呢？想到刚刚结束的家长会拍了好多照片，就在校长室打印了这些照片，做成了家长会专刊。

希望家长会的温度能够再维持得更久一些，也希望点燃更多的孩子们渴求进步的欲望。

上 "大课"

11月19日　星期三

今天，我们开始上 "大课"。

下午两节课后，全校学生在操场集中。然后，排着整齐的队伍进入食堂二楼大厅。很多同学是第一次进入食堂，感觉既好奇又有趣。原本计划我带着张文博、高源鸿、杜娟娟三个年轻人一起上课，其他老师休息，没想到大家都来了。

"从今天开始，每周三下午两节课后，咱们关坝小学全体同学在这个大厅里上音乐课，怎么样？" 我开门见山地说。

"好！" 二百多学生齐声地回答。

"我们还要把各班表现好的同学，在12月份发展为少先队员，佩戴上鲜艳的红领巾。"

我的一番话像在平静的湖面投下石子，激起了微波。同学们激动地传递着眼神，表达着内心的喜悦。

"当然，上大课的时候，谁要是调皮捣蛋谁就戴不了红领巾了。" 高源鸿的一句话，让同学们立马鸦雀无声。

"好，今天我们来学习《我们是共产主义接班人》。" 我指着黑板说，"这首歌是中国少年先锋队队歌，也就是少先队队歌。要成为一名少先队员，我们要先从学习队歌开始。"

我分明感觉到队伍中有好些同学挺起了胸脯。

"下面，让我们一起来欣赏这首歌。" 说着，音响开启，歌曲的旋律便响起来。

"下面，让我们用掌声欢迎张老师给我们教这首歌！"

在同学们热烈的掌声中，张文博老师走到台前，开始一句一句地教起来。

我们是共产主义接班人，

继承革命先辈的光荣传统，

爱祖国，爱人民，

鲜艳的红领巾飘扬在前胸。

……

歌声回荡在大厅里，充满了激情和力量。

我的课堂我做主

11月24日　星期一

今日读《玫瑰与教育》，其中一段文字震撼我心。

"什么时候我们杜绝虚伪、杜绝形式主义，什么时候我们真正把教育落实到每一个孩子的身心健康上，什么时候管教育的官员、校长，不再把教育当作形象工程，什么时候我们教师敢大胆地对一切'少慢差费'的问题大胆说：'不！'——

"我想，我们的教育就变得踏实了。"

……

我想：我只是一名教师。很多时候我也很无奈，很多时候我说了不算，但是我可以告诉自己，我的课堂由我做主。我将把课堂还给孩子们，让他们乐于参与、乐于思考、乐于学习。我不敢说我为他们的终身幸福奠基，但我愿意用我最大的努力让他们快活地度过每一个40分钟。如果可能，我将尽我所能让他们在我的40分钟之后，尽可能地延续快乐和幸福。那么，我的40分钟是快乐的，我的N个40分钟也将是快乐的，我的教育生涯也将充满快乐。我相信，我的教育踏踏实实，我的人生也将异彩纷呈。

我很赞同肖川老师的观点："眼界决定境界，方向决定方法。"

我将努力践行自己的诺言。

十二月

我不是在最美好的时光遇见你们，而是遇见你们，这段时光才变得美好。

活动准备

12月7日　星期日

近了，近了，12月9日就要到了！

"六一"儿童节、少先队建队日活动都没有搞起来，我怎能再错过这个特殊的日子？一直以来，我心底都有个念想，一定要成立少先队，把少先队活动搞起来。

晚饭后，我打电话给我们学校政教处赵主任，详细询问了少先队活动的流程，认真完善了活动方案，然后找高源鸿老师商量、落实每一个环节，包括音乐、讲话稿。

为了这次活动，我已筹划了好久。下周，终于得偿所愿！

"一二·九"的活动

12月9日　星期二

今天，校园里像过节一样热闹。

窗外，雪花纷飞，寒风呼啸；室内，意气风发，热血沸腾。关坝小学全体师生开展了"纪念'一二·九'运动诗歌朗诵暨少先队新队员入队仪式"活动。

活动在一至六年级87名新队员入队仪式中拉开了帷幕。孩子们第一次有仪式地戴上了红领巾，第一次出队旗、敬队礼。活动中，学校聘任了高源鸿老师担任大队辅导员。王校长作了热情洋溢的讲话，特别感谢我为学校注入了活力。最后，各班诗歌朗诵《我骄傲，我是中国人》《中华少年》等篇章，将活动推向了高潮。

此次活动，填补了学校少先队工作的空白，丰富了学生课余生活。孩子们兴高采烈，笑靥如花，小脸蛋在红领巾的映衬下显得分外可爱！

精心筹备的少先队活动顺利开展，我的心里溢满幸福。刚把今天的活动信息发到微信朋友圈，王校长就走进了屋子，喜悦之情溢于言表。他说他已经看到了我的朋友圈信息，他想安排高源鸿把我撰写的这条信息发到西和县教育局网站上去。

我多么希望今天的少先队活动在迈出坚实的第一步之后，能够大步向前，让孩子们在少先队平台上，在喜闻乐见的活动当中健康、快乐成长。

朋友圈

12月10日　星期三

晚上放学后，我的"一剪美"工作室迎来了第五位"顾客"。理发工作结束，发了一个朋友圈，竟然引起一片哗然。亲友们惊诧于我竟然会理发，调侃我回来可以开理发店了，也有人对我在这样一个山旮旯里支教表示深切同情，还有人对我的爱心大加点赞。

遂又发了一条信息：火炉旁的午餐——馍馍、早上没舍得喝的牛奶。孩子们的家，在山的那边的山上，午休两小时，一个来回赶不上……但他们的小脸，总是那么灿烂！

其实我想说，环境造就人。谁来到这里，都会像我一样，甚至会比我做得更好。

学生的午餐

240

QQ群解散了

12月11日　星期四

"一区"支教QQ群莫名其妙地被解散了！

一年支教工作尚未结束，仿佛是搭乘的专列在你熟睡之际将你扔下了车，梦醒时分，已被撇在了荒野，我有一种被甩客的感觉。多好的一个平台，150多号人。尽管地处12个县区（陇南一区八县、兰州市的三县），尽管彼此都不是很熟识，但这里记录着我们支教路上的酸甜苦辣，流淌着大伙儿结伴同行中凝结的兄弟姊妹般的情谊。

虽然，我不太喜欢在群里发言，喜欢潜水，喜欢默默地倾听，喜欢静静地关注。但突然间耳畔没有了声响，眼前没有了人影，心里还是一下子没有了着落。

培训通知

12月12日　星期五

今天下午，接到附小电话通知，要我于本月20日到重庆参加甘肃省骨干教师培训。突然间，有些不知所措。

放学后，我把要参加培训的事情告诉了王校长，他感到很意外，问我可不可以不参加培训？看我犹豫的样子，他赶紧补充："不是担心没人带课，而是太突然，有些舍不得。"

我相信他说的是真的。近一年的朝夕相处，我们已经凝结了真挚的友谊。

我打开手机，把学校办公室发来的培训通知给他看，他说："评选省级骨干教师真是不容易，不去参加培训可能会有影响。"他略一停顿，"你还是赶紧回吧！准备一下，按时参加培训，我这就给刘校长汇报一下！"

电话打通了，三言两语就挂了。王校长说，刘校长倒是很爽快，说让我下周再回，他明天把事情安排一下，让我们等他电话。

一会儿，陆续有老师回家了，王校长骑着摩托车带着夫人也回去了。

热闹的校园一下子安静下来。我的心里五味杂陈。事情竟然这么突然。难道和上学期结束时一样，我注定要做一个"逃兵"吗？

送 别

12月13日　星期六

早上，还在睡懒觉，王校长打来电话，说他一会儿到学校来，我们赶在10点一起到喜集，刘校长正在等我们。

一看时间，已经快9点了。赶紧起床，洗漱完毕，打了荷包蛋，开水泡馍馍。正收拾碗筷，摩托车声音响起，出门看，王校长已经骑着车进了校园。

下楼，开车，出门，王校长锁了大门，我们便往喜集赶去。路上，王校长说，刘校长他们要请我吃饭，算是为我饯行。我想正好，一直没机会请人家吃饭，这次我来请客。

到了喜集学区，刘校长、杨校长正在办公室煮着罐罐茶。几杯茶喝下，身上暖暖的。我提出今天我请客，刘校长笑着说："在我们西和，怎么能让你请客呢！以后我们到兰州了你再请！"

起身出门，刘校长他们的车走在前面，我和王校长跟在后面。过了喜集桥，车子往大桥方向开去。我很好奇，问王校长不是去县城吗，怎么往这边走？他说刘校长应该是带我们到他老家大桥去。

一会儿，车子沿着盘山公路开始上山，大概半个小时，车子开到了山上，然后又是一段村镇道路，最后停在了一家场院里。进了屋便脱鞋上炕，先是火盆罐罐茶，后是炕桌大盘鸡。因为都开车，只能以茶代酒。碰杯再碰杯，茶香惹人醉。

吃着饭，聊着天，感谢温暖关照，感叹岁月流转。初来乍到，我就是坐在老校长家里的炕头上这样吃饭的。转眼间离开，今天又坐在了刘校长的热炕头上。

此段经历，必将是我一生最难忘的回忆。

又送别

12月14日　星期日

整个一天，离别的愁绪都弥漫在我的心间。时光如老旧影片放映机，黑白的格子闪烁着，滚动播放着支教日子里那些温暖的回忆。

晚上，学区赵成峰副校长驱车而来，带来了一袋核桃和一袋花椒，说是他今天才知道我要回去了，也没啥好东西，就送点儿西和的土特产，让我不要嫌弃。一年来，乡亲们送东西时大体都是这番客套话，都是一样的真诚。感谢他的一番情意，他反倒感谢我帮他看论文，说是那篇论文已经被《教育革新》采用了，拟在明年发表。还说起了课题研究，说起了一年支教日子里那些点点滴滴，那些温暖彼此的记忆。

道一声"路上珍重"！

说一声"后会有期"！

就这样别离。

第一次升国旗

"升旗仪式现在开始！第一项，全体肃立，旗手出场！"在我的主持下，四名国旗队队员迈着整齐的正步走向旗台。

"第二项，升国旗，奏国歌，全体少先队员敬队礼，其他师生行注目礼。"伴随着激昂的国歌，五星红旗冉冉升起，同学们庄严而肃穆地行队礼，行注目礼，唱国歌。

"第三项，大队辅导员高老师作国旗下讲话。"高源鸿老师走上台为同学们作题为"我们是共产主义接班人"的国旗下演讲。

听着高源鸿老师慷慨激昂的演讲，我的心里激情澎湃，思潮翻滚。学唱国歌、训练旗手后，关坝小学终于迎来了第一次升旗仪式，而对于我，竟是最后一次。

时光在每一秒的绽放与流动中变得珍贵而隽永，我倍加珍惜最后的几天支教时光。

郭山的孩子

12月16日　星期二

天寒地冻。离学校最远的村子——郭山，这里孩子们上学越来越艰辛了。他们住在关坝西山背后的那座山梁上。全村12户人家，在关坝小学上学的，从学前班到六年级共11个孩子。山高路远，孩子们不怕，也从不言累。随着天气日趋寒冷，孩子们开始踏着冰溜子上下坡，举步维艰，看得人心惊胆战。用王校长的话说，"一个半小时的路，走得人后背的汗煮了（西和方言，意'湿透了'）！你要去看看，不定zeng（'哭'的意思）哩！"

上学的路

五年级一名男生已经一个多星期没来上学了。昨天下午放学后，王校长和五年级班主任张文博老师随路队去郭山家访，当夜住在了学生家里。

照片真实地记录了他们今早摸黑踏冰上学的过程，很遗憾我没能亲历。

依依送别

12月17日　星期三

明天就要离开这里了，心底竟生出无限眷恋。这一天，我认真上好每一节课，真诚对待每一个人，用心度过每一分钟。几度想开口给孩子们道声离别，话到嘴边又咽下。

"轻轻地我走了，正如我轻轻地来。"

"悄悄是别离的笙箫……"

我想，就这样悄悄地别离吧！

放学了，王校长说，今晚咱们一起吃饭，语气不容争辩。门口地上放着几大袋新鲜蔬菜，旁边一个筐里还扣着一只鸡。原来，菜是王校长今天特意安排娟云从县城带回来的，鸡是校长夫人下午从家里面抓来的。我感动得要热泪盈眶了，却变得笨嘴拙舌，除了"谢谢"就再也不会说话了。

一会儿，住校的老师们都过来帮忙，压面的、择菜的，说说笑笑，俨然过节一样，而且是从未有过的热闹和隆重。

王校长开始杀鸡了。我提出要帮忙，他说自己一个人就可以了。只见他蹲下来抓起鸡的两只翅膀一起一搭便放在了自己的一只脚下面，另一只脚踩在两只鸡爪子上，左手抓起鸡脖子，右手操起菜刀一抹，鸡血便汩汩流出来。

"你去烧一壶开水来！"他对我说。

等我进房间烧了水出来，鸡已经躺在地上了。他连地上都已经收拾干净了。他抓起鸡放进一个盆子里，让我把开水浇到鸡身上，他趁热开始拔鸡毛。突然想起上次支教友人来访前他说的话："村里养鸡的人不多，不好买，再说宰杀也比较麻烦。"可是今天，他没有嫌麻烦，他抓来自己家养的鸡，还亲自操刀宰杀、收拾。他可以让娟云买菜时一并买一只宰杀好的鸡的。或许，在他看来只有这样做才能表达他的一番情意吧！

饭菜很丰盛，大大小小的菜碟子盛满了菜，摆满了桌子。桌子是从六年级教室搬来的几张课桌拼在一起的。桌子上的碟子、碗筷都是老师们把自己的拿过来凑起来的。

开饭了。大家热热闹闹围坐在桌前。举杯，没有祝酒词，没有贴心话。谁都不愿意提及别离，一切都在不言中。

吃饭中，屋里走进来几位老人，有王涛的爷爷、王丽霞的爷爷，还有几位是谁我也对不上号，但是很面熟。我们招呼老人们入座，老人们有人拿出一袋花椒，有人拿出一袋核桃，有人从怀里掏出一瓶酒来……

"听说曾老师要走了，我们来送送他……"老人们这样说。

"曾老师是个好老师！"

……

就这样，感谢，祝愿，再感谢，再祝愿。

举杯再举杯，杯杯情深长。

再次起身回敬，我已是热泪盈眶。

至深夜，酒盏空，人影散，空伤悲。

伤别离

12月18日　星期四

一觉醒来，传来琅琅书声。打开手机一看，竟然已经快9点了。一夜酣梦，竟然连6：40的音乐和课间铃声都没有听到。

起床洗漱时，王校长走进屋来，说为了让我多睡一会儿，特意关掉了音乐和铃声。我当下眼圈潮湿，握手再感谢，不舍涌上头。

他招呼我上他屋里吃早点。火炉上烤着饼子，罐罐茶正煮得欢腾。

默默喝茶，静静吃馍。

吃过早点，我提出趁学生们在上课赶紧走。他帮我把行李提下楼。一次次辞别地握手，一声声不舍地叮咛，总也诉不尽我的感激与不舍。

汽车启动，回头想再看一眼，竟禁不住热泪直流。楼上楼下，楼里楼外，全校师生都探着身子张望。

"挥一挥手，不带走一片云彩。"而当我挥手时却感到胳膊像灌了铅一样。

"黯然销魂者，唯别而已矣！"

楼上楼下，楼里楼外，全校师生都开始挥手……

"执手相看泪眼，竟无语凝噎。"

鞠躬，泪流，上车，启程。

再也没有回头的勇气与力量。

窗外处处透着寒气，但眼前的这一幕幕却已将我暖化。

不知为什么，泪水怎么也擦不干。

我的支教总结

12月26日　星期五

重庆培训中，支教好友波波发来信息，要填写支教年度考核表了，考核表在支教县区教育局领取，支教总结是主要内容。遂完成了以下总结，发给王校长并委托他帮我领取、填写。

支教总结

时光荏苒，岁月如梭。一年支教工作即将结束，现对一年工作总结如下。

一、在实践中提高支教认识

当初，我满怀着激情报名参加支教活动时，对支教的认识还很肤浅。来到支教学校，面对艰苦的教学环境，简陋的教学设备，落后的教学模式，薄弱的教学现状……我有一种无所适从的感觉。生活上的诸多不便，如宿舍里发现老鼠的踪影，超大的工作量，学生非常薄弱的学习基础……面对这些棘手问题也曾感到无所适从。但随着时间的流逝，我对支教的学校越来越熟悉，更加明确我作为一名支教教师的责任。关坝小学老师们忘我的奉献精神，认真负责的工作态度，时时感染着我、激励着我，使我以认真负责的主人翁精神在每一个平凡的支教日子里挥汗泼墨，辛勤付出。

二、在工作中摸索教学策略

支教的这一年，我先后承担三年级、四年级语文、音乐、美术、品德等学科教学工作，周课时二十五六节。刚接触自己带的班级时，发现孩子们学习底子很差，自主学习的意识也很薄弱，都是等待老师告诉答案，甚至是老师把答案抄写在黑板上，他们都不一定能正确书写。所以，在日常教学中，我努力做到认真备课，因材施教，细心辅导。课堂上，循循诱导，赏识激励，激发学生学习兴趣，注重培养学生自主学习的习惯和能力，狠抓学生习惯养成。班内开展形式多样的比拼活动，如作业积分、培优转差，同时辅以家访、谈心、交流……激发每一个孩子的积极性。经过近一年努力，孩子们学习态度转变了，学习习惯好了，学习成绩也上去了。所带班级成绩稳步上升，在今年期中考试中终于取得喜集学区语文单科成绩年级第一名的好成绩。

三、在学校活动中带动年轻教师

面对师资缺乏、教育教学设施落后等问题，我尝试用活动带动年轻教师，以活动促进学校工作。带领年轻教师在体育课时间给学生教广播体操，然后由高年级学生带动低年级学生。在一段时间之后，全校学生都会做操了，我们便开始了早读前20分钟的体育活动。在活动中，增强了学生体质，丰富了学生课余生活。

为了减轻大家的带课任务，更好地丰富学生生活，我尝试着和年轻教师们一起上"大课"，组织全校学生在每周三下午上音乐课，或是开展少先队活动。另外，借值周工作、业余时间手把手教年轻教师怎样组织学生读书、学拼音、教识字，从而使教学更有实效。

近一年支教工作紧张、忙碌而充实。回味近一学年的支教生活，如同西和的罐罐茶，没有华丽的色泽，有的是刚入口醇厚的苦，然后留下淡淡的清香，让我回味无穷。感谢这一年里支教学校的领导、老师们，谢谢他们在工作、生活等各方面给予我的关心与帮助；感谢淳朴的乡亲和可爱的孩子们，谢谢你们带给我人生中难忘而美好的回忆。

我不是在最美好的时光遇见你们，而是遇见你们，这段时光才变得美好。

附 录 送教西和县教育局信息报道

金城名师来西和县开展"送教送培"活动

陇南西和教育 2018-10-24

10月22日,兰州市李小平、曾笃学名师工作室"爱心手拉手·成长心连心"主题送教送培下乡活动在喜集学区举行。县教育局副局长、县政府教育督导室主任郭根稳,县教研室负责人,喜集学区负责人及教师60多人参加了活动。

县教育局副局长、县政府教育督导室主任郭根稳主持活动

送教名师做了《课题研究与教师专业成长》《校本教研与教师发展》两场专题报告,分享了多年来积累的教学及课题研究经验,举行了小学语文、小学英语观摩示范交流,捐赠了图书资料。

英语观摩示范课

课堂观摩

　　此次送教送培活动，搭建了校际交流的桥梁，在提升教师的教科研水平、引领教师专业成长、促进优质教育资源共享和优势互补方面将发挥双赢共进作用。

　　（监制：郭根稳　责编：姚宝红　编辑：刘志奎　供稿：县教研室）

后 记

　　岁月不居，时节如流。离开支教地一晃儿已经4年了，多少次魂牵梦绕，今天终于有机会回到支教的地方。

　　为发挥金城名师示范、引领、辐射作用，促进城乡教育均衡发展，应陇南市西和县喜集学区邀请，我和我的师傅李小平及两个名师工作室于10月22日走进西和喜集学区，开展了为期一天的"送教送培"活动。西和县政府督导主任、教育局副局长郭根稳，县教研室主任蒋立峰，喜集学区所属学校部分教师、喜集九年制学校全体教师，喜集学区组长督学、责任督学，县教研室兼职教研员、大水街学校周艳霞，樊娟老师等近60人参加了本次活动。

　　此次活动，通过课堂观摩、专题报告、教学研讨、经验交流、捐赠图书等丰富多彩的形式，为西集学区教师搭建了一个研修平台，加强了城乡教师间的交流，提供了教学示范和专业支持。

　　利用午休时间，驱车回关坝小学，如回家一样倍感亲切。我们围坐在火炉旁煮茶、聊天，不亦乐乎！县政府教育督导室主任、县教育局副局长郭根稳亲自为我们煮罐罐茶。抓一小撮茶，放进小瓷茶罐里，用小铝壶倒上水，将茶放在火炉上。等茶煮沸后，将茶水清在小盅里，慢慢地端起来品，别有一番风味在心头。坐暖炕、烤火盆、吃锅盔馍馍、喝罐罐茶的情景又浮现在眼前。

　　活动圆满完成，一桩心愿终于了却，内心洋溢着无限感动。

　　有许多催泪的画面没能拍照却烙印在心里：活动结束后，喜集学区九年制学校副校长赵成峰、我支教地关坝小学校长王国红，驱车近40公里一路颠簸，执意送我们到县城西和北高速路口；支教时所带班级学生由关坝小学四年级已升到喜集学区九年制学校八年级，见面时欣喜难耐，跟前撵后却羞涩内敛……

特别感谢

感谢一年支教生活中结识的赵成峰、王国红等西和老友的盛情邀请、热情接待、深情送别！感谢西和教育局、教研室、喜集学区领导们的精心谋划、周密安排！

感谢附小校领导和同事们的大力支持和真诚帮助，使我再回西和得偿夙愿！

感谢我亲爱的师傅李小平和送教团队小伙伴们不顾舟车劳顿，精彩展示、温情陪伴！

感谢整个活动台前幕后默默付出的所有伙伴！

有你们，真好！

2018年10月23日